COLLECTION
ROLF HEYNE

WOLFRAM SIEBECK

DIE SCHÖNSTEN UND BESTEN BISTROS VON PARIS

*Mit über 90 Rezepten
und 190 Photos von Peter Knaup*

WILHELM HEYNE VERLAG MÜNCHEN

Dieses Buch ist einer limitierten Auswahl von Freunden

und, selbstverständlich, Barbara gewidmet.

Copyright © 1988 by Wilhelm Heyne Verlag

GmbH & Co. KG, München

Umschlaggestaltung: Claus-J. Grube

Foto Titelseite: Peter Knaup

Foto Rückseite: Süddeutscher Rundfunk, Stuttgart

Graphische Gestaltung: Claus-J. Grube/Norbert Härtl

Lektorat: Ria Lottermoser

Herstellung: Paul Fugmann

Satz: Partner Satz Repro GmbH, Ingolstadt

Repro: Oestreicher + Wagner, München

Druck und Bindung: Appl, Wemding

Printed in Germany

ISBN 3-453-02842-2

INHALT

DIE BISTROS

DAS BISTRO –
JEDERMANNS LIEBLING

Ich habe mich immer gewundert, wenn ich las, in welchen Restaurants Pariser Prominente am liebsten essen. Ob Akademiker, Künstler, Politiker, Schauspieler oder Fernsehstars, sie alle bekennen bei Umfragen ihre Liebe zum Bistro. Dort, und nicht in den feinen Etablissements der Superköche, finden sie ihr Glück. Nicht Jakobsmuscheln im Trüffelsud gilt ihre Sehnsucht, sondern gegrillten Sardinen. Und dazu trinken sie Beaujolais.

Ich habe solche Bekenntnisse immer für Koketterie gehalten, für Anbiederung bei Herrn Jedermann. Heute weiß ich, daß sie es ehrlich meinten, die Bistro-Aficionados. Und sie haben ja recht. Wer seine Ernährung mehrmals in der Woche der Pariser Gastronomie anvertraut, der landet zwangsläufig bei den Bistros. Nicht nur, weil die billiger sind als die feinen Lokale, sondern weil Hausmannskost, wie sie in Bistros gekocht wird, nicht mehr Aufmerksamkeit erfordert, als man bei regelmäßigem Auswärtsessen aufzubringen bereit ist, und weil sie eine kulinarische Befriedigung verschafft, die Freude macht, ohne gleich Enthusiasmus herauszufordern. Mit anderen Worten, das Essen in Bistros ist unkompliziert.

Das allein wäre jedoch noch kein Grund für die große Beliebtheit dieser Kleinrestaurants. Es kommt noch die wunderbare Eigenschaft der Bistroküche hinzu, daß man ihre Salate, Vorspeisen und Hauptgerichte immer wieder essen kann, ohne sie leid zu werden. Denn so, wie dort gekocht wird, so kochen – wenigstens theoretisch – die Mütter zu Hause. Auf den handgeschriebenen Speisekarten stehen all die Gerichte verzeichnet, von denen wir glauben, unsere Kindheit sei von ihnen geprägt worden, und von denen wir hoffen, unsere Frauen würden sie genau so kochen. (Das eine ist Selbstbetrug, das andere Illusion.) Es ist deshalb auch überflüssig, die Bistroküche gegenüber der artistischen Küche zu verteidigen. Die Natürlichkeit der einen ist der extremen Künstlichkeit der anderen klar überlegen – sofern sie mit derselben Perfektion erarbeitet wird. Das ist dann der Glücksfall. (Der in beiden Kategorien leider nicht alltäglich ist.)

In Paris gibt es wahrscheinlich mehr als fünfhundert Kleinrestaurants, die auf die eine oder andere Weise als Bistro durchgehen könnten. Doch selbst Lokalpatrioten schätzen die Zahl der echten Bistros auf höchstens einhundertfünfzig. Davon weisen nach meinen Erfahrungen nicht mehr als ein Drittel die drei Eigenschaften auf, welche ein Kleinrestaurant zu einem Bistro machen: Originelles Ambiente, lärmende Gemütlichkeit, gute Hausmannskost – in dieser Reihenfolge.

Im Idealfall stammt ein Bistro aus den ersten Jahrzehnten dieses Jahrhunderts und wurde seitdem nicht oder nur wenig umgebaut. In der Küche steht der Patron, während Madame die Gäste betreut. Ein oder zwei Kellner, ein oder zwei Hilfskräfte in der Küche, mehr nicht. Die Kundschaft besteht zum größten Teil aus Stammgästen; die Küche verrät die Herkunft von Monsieur.

Ein Bistro kann eine bessere Kantine sein, wo die Geschäftsleute des Viertels ihren regelmäßigen Mittagstisch haben. Auch die Abendkundschaft vieler Bistros setzt sich überwiegend aus Nachbarn zusammen. Insofern gleicht das Bistro der Stammkneipe: man geht hin, weil es nahe liegt. Die schönsten Bistros und die mit der besseren Küche ziehen Gäste auch von weither an; sie genießen oft ein Renommee, das sich mit dem der Luxusküchen messen kann. Zusätzliche Popularität haben die Pariser Bistros bekommen, seit sich auch bei den geduldigsten Anhängern der Hochküche die Erkenntnis durchgesetzt hat, daß diese mit ihren pathetischen Inszenierungen (und dem Mangel an Erneuerung) monoton und damit langweilig geworden ist.

Es wird immer behauptet, die Bistroküche sei schwer und magenbelastend. Das war sie früher tatsächlich. Doch bei allem Traditionalismus der kochenden Wirte, dies haben sie denn doch mitgekriegt, daß körperliche Schwerarbeit von den Gästen nicht mehr geleistet wird. Ich habe entsprechend leichte Fleischtöpfe gegessen, Gratins, deren Butteranteil auf ein gallenfreundliches Maß reduziert war, sowie Saucen ohne Mehl und Suppen ohne Fett. Zwei Monate lang habe ich Tag für Tag in einem anderen Bistro gegessen und dabei anderthalb Kilo abgenommen. Und als ich Paris verließ, freute ich mich schon auf meine Rückkehr, auf weitere Mahlzeiten in diesen sympathischen Kleinrestaurants, die auch ich nennen würde, wenn man mich nach meinen Lieblingsrestaurants fragte.

Auf den folgenden Seiten werden jene Bistros vorgestellt, die entweder eine überdurchschnittlich gute Küche bieten oder eine ungewöhnliche Atmosphäre. Einige Bistros besitzen beides, das sind die Perlen, die Sammlerstücke. Im Zweifelsfall habe ich banale Saucen übersehen und Gewürzmangel in Kauf genommen, wenn dafür die Atmosphäre dem entsprach, was für Paris so typisch und so einmalig ist. Bistros in den von Touristen bevorzugten Stadtvierteln wurden stärker berücksichtigt als außerhalb gelegene. Die mir von einem Großteil der Bistros zur Verfügung gestellten Rezepte habe ich unverändert übernommen, auch wenn die benötigten Zutaten schwer zu bekommen sind. Ihre Authentizität war mir wichtiger als ihre Eignung für den Privathaushalt.

WORAN MAN
DIE BISTROKÜCHE ERKENNT

Vorspeisen

Vorspeisen verraten am deutlichsten, ob es sich um eine Küche mit wie auch immer gearteten Ambitionen handelt oder um ein Bistro. Da existiert ein strenger Kodex, dem sich kein Bistro zu widersetzen wagt. Also haben sie alle den Linsensalat mit warmer Wurst auf der Karte und den hareng baltique (saurer Hering mit Crème fraîche), und es fehlen auch nicht die verschiedenen lyonnaiser Würste. Schinken, Burgunderschnecken, salade beaujolaise (der auch anders heißen kann) mit gebratenen Speckstückchen und gerösteten Brotwürfeln, manchmal auch mit einem weich pochierten Ei, gehören dazu wie der Ochsenmaulsalat, der Kalbskopf in Vinaigrette oder mit Sauce gribiche, die geräucherte Entenbrust auf Salat und, nur noch selten, die traditionelle Zwiebelsuppe. Die gedünstete, kalte Lauchstange in Essig und Öl und das hartgekochte Ei mit Majonnaise signalisieren gleichzeitig Tradition und Niedrigpreis.

Fisch

Auf den Speisekarten der Bistros spielen Fische eine vergleichsweise kleine Rolle. Einmal gehören die meisten Fische zu den teuersten Nahrungsmitteln, zum anderen wissen auch bescheidene Bistroköche, daß man Fische nicht warmhalten oder gar aufwärmen kann. Und die à-la-minute-Küche läßt sich dort, wo zwei Köche für fünfzig oder mehr Gäste kochen müssen, nur schwer realisieren. Also gibt es meistens nur am Freitag Tagesgerichte wie das Stockfischpüree (brandade de morue), das billig ist und sich im voraus zubereiten läßt. Oder der ebenfalls preiswerte Rochenflügel mit brauner Butter. Dagegen sind der geräucherte Schellfisch mit Nudeln (haddock aux pâtes fraîches) und Vorspeisen wie die Heringsvariationen, vor allem aber die Makrele in Weißwein, billige Standardgerichte in allen Bistros. Rechnen wir noch eine Muschelsuppe dazu oder gratinierte Muscheln, so bedeutet der Verzicht auf Seezunge, Lachs, Steinbutt, Meerwolf und Schalentiere wie Hummer, Langustinos und Flußkrebse dennoch nicht, daß der Gast allein dem Metzger ausgeliefert sei.

Innereien und Eingemachtes

Das Hauptgewicht der Bistroküche liegt eindeutig auf diesen Dingen, die sich in Frankreich einer weitaus größeren Wertschätzung erfreuen als anderswo. Der gegrillte Schweinsfuß und die Andouillette sind Bistroküche par excellence; Kutteln gehören ebenso dazu wie alle anderen Teile des schweinischen Interieurs, die pur oder in Form von Würsten auf den Tisch kommen. Fast alle diese Deftigkeiten entstammen der lyonnaiser Regionalküche, von der die Pariser Bistroküche am stärksten beeinflußt ist. Wo sich die ebenfalls charaktervolle und deftige Küche des Südwestens etabliert hat, wird das deutlich an Spezialitäten wie gésiers de canard (Enten-

mägen) im Salat, canard confit (in Entenfett einge-
weckte Entenkeulen), Scheiben von der Entenbrust, entweder geräuchert als Vorspeisen oder rosa gebraten als
Hauptgericht (magret de canard). Daß zwischen einer
Andouillette und einer Andouillette Unterschiede beste-
hen können wie zwischen einem Bressehuhn und
einem Gummiadler, werden neugierige Esser schnell
gewahr. Geschnetzelte Kalbsnieren verweisen bereits auf
einen höheren Ehrgeiz.

Gemüse

Anders als in Gourmet-Restaurants mit ihrer Kunst-
Küche sind die Gemüseportionen in den Bistros riesig –
wenn denn eine Gemüsebeilage überhaupt serviert wird.
Also nicht nur vegetabile Späne zum Zweck der Teller-
dekoration, sondern mund- und magenfüllende Mengen. Die Behandlung der Gemüse ist jedoch ebenfalls
weit vom Gourmet-Niveau entfernt, sie entspricht be-
stenfalls einfacher Hausmannskost. Gemüse werden
gekocht, warmgehalten und vielleicht erst Stunden
später erhitzt und aufgetischt. Deshalb sind zerkochte
Wirsing- und andere Kohlgerichte nicht ungewöhnlich,
deshalb können Pilze und Bohnen ohne Delikatesse sein.
Eine sichere Wahl sind dagegen Hülsenfrüchte: weiße
Bohnen zum Lamm oder die kleinen, grünen Linsen, die
sogar zum Fisch sehr lecker sein können. Und natürlich
das sahnige Kartoffelgratin à la dauphinoise. Im übrigen
gilt in Bistros die Devise, daß Brot das unproblematisch-
ste Gemüse sei.

Geflügel und Fleisch

Hier beschränkt man sich auf Klassisches. Geschmortes Kaninchen, gebratene Ente sowie das Suppenhuhn und das in Rotwein geschmorte Hähnchen einerseits, andererseits die überall üblichen Rindersteakvariationen, vom Filet mit Mark bis zum Rumpsteak mit Pommes frites. Manche Bistros sind für riesige Fleischstücke von erster Qualität berühmt. Kalbfleisch ist selten. Vom Lamm wird häufig ein gigot (die im Ganzen gebratene Keule) angeboten, was in Frankreich ein beliebtes Sonntagsessen ist und entsprechend gern bestellt wird. Das Schwein, dessen Innereien und Extremitäten so beliebt sind, spielt als Braten keine Rolle. Alle Zubereitungen basieren auf den klassischen Rezepten; wo größere Abweichungen zu registrieren sind, handelt es sich um jene Minderheit von Bistroköchen, deren Ambitionen untypisch fürs Milieu sind.

Käse

Ganz egal auf welchem Niveau ein französisches Essen stattfindet, Käse gehört dazu. Nicht jeder Gast ißt ihn; aber vorrätig ist er überall. In Bistros wird man eher selten eine üppige Auswahl an Käsen vorfinden, häufig beschränkt sich der Besitzer darauf, drei, vier ausgesuchte Sorten anzubieten, die ganz ausgezeichnet sein können - Rohmilchkäse, selbstverständlich. Wenn auf der Speisekarte ein fromage de tête verzeichnet ist, so handelt es sich jedoch nicht um einen Käse, sondern um Schweinskopfsülze, wohingegen cervelle de canut ein mit Zwiebeln und Kräutern angemachter Quark ist, der, wie auch die Sülze, der lyonnaiser Küche entstammt und als Vorspeise gegessen wird.

Desserts

An Süßspeisen werden vor allem solche angeboten, die sich im voraus zubereiten lassen. Also fehlen nie die Crème Caramel, der auf Vanillesauce schwimmende Eierschnee (œuf à la neige oder île flottante), eine Bayerische Crème, mousse au chocolat sowie die verschiedensten Obst- und Schokoladentorten. Viele Bistros bieten aber auch hauchdünne, frisch gebackene Apfeltorten an, die dann immer leicht und delikat sind, oder den berühmten, gestürzten Apfelkuchen der Schwestern Tatin (tarte tatin), der mit dicker Crème fraîche serviert wird.

Wein und Schnäpse

In einem Kleinrestaurant, dessen Preisniveau viel niedriger ist als das der Feinschmecker-Tempel, kann man gerechterweise keine großartige Weinkarte erwarten. Also ist es vor allem der Beaujolais, der sich als der typische Bistro-Wein empfiehlt. Manche Bistros haben denn auch den Ehrgeiz, Beaujolais aus Spezialabfüllungen von kleineren Winzern vorrätig zu haben, die als Begleitgetränk zu einem Bistro-Essen durchaus erfreulich sein können. Andere typische Weine sind die Côtes-du-Rhône, der Cahors, der rote Sancerre und andere Loire-Weine. Die Auswahl an Weißweinen ist allgemein geringer, da die Pariser ihren Rotwein bei allen Gelegenheiten vorziehen. Einige Bistros haben jedoch große Weine zu niedrigen Preisen auf der Karte, was auf eine önologische Neigung des Patrons schließen läßt. Ähnlich begrenzt ist die Auswahl an Schnäpsen. Nur dort, wo sie sichtbar eine Sonderstellung einnehmen (meistens Armagnac), wird man gute und rare Qualitäten entdecken.

Die Preise

Ein Bistro ist keine Imbißstube, Hausmannskost kein Konfektionsfraß. Es wäre also töricht, in einem Bistro die Billigküche schlechthin zu erwarten. Man kann in Paris viel billiger essen als in einem Bistro. Natürlich kostet dort ein Essen kein Vermögen, selbstverständlich werden die hohen Preise der Gourmet-Restaurants hier nicht verlangt. Aber mit einem Zwanzigmarkschein stillt man auch in einem Bistro weder den Hunger noch den Durst. Touristen auf dem Spartrip sollten darüber hinaus beherzigen, was der Wirt eines der hier vorgestellten Betriebe auf seine Speisekarte drucken ließ: »Ein Salat ist kein Essen.«

Bewertung der Küche

★ ★ ★ ★ = Perfekte Zubereitungen und präzises Abschmecken der Gerichte, welche durchaus der bürgerlichen Bistroküche angehören, innerhalb dieser aber eine Spitzenleistung darstellen. Das Streben nach Verfeinerung ist unverkennbar.

★ ★ ★ = Eine schmackhafte und erfreuliche Bistroküche, die durch zusätzliche Originalität über dem Durchschnitt liegt, mit wenigen Schwächen.

★ ★ = Eine ordentliche Bistroküche, bei der Ungleichmäßigkeiten möglich sind und wo Phantasie nicht so wichtig genommen wird.

★ = Eine einfache Küche, wo akzeptable Standardgerichte überwiegen, aber mit mangelnder Sorgfalt gerechnet werden muß.

Bewertung des Ambientes

★ ★ ★ ★ = Hier sind die Dekorationen allein schon einen Besuch wert. Der Stil der Belle Epoque oder der Jugendstil bilden ein möglichst komplettes Ensemble.

★ ★ ★ = Ein authentisches Ambiente aus der ersten Hälfte des Jahrhunderts mit typischen Details des Bistro-Stils.

★ ★ = Ein bürgerliches Dekor, teilweise modernisiert, mit hübschen Einzelheiten.

★ = Schlicht und schmucklos, vielleicht auch etwas ramponiert, aber nicht ohne Atmosphäre.

LA TOUR DE MONTLHERY (CHEZ DENISE)

Küche	Ambiente
★	★ ★ ★

5, rue de
Brouvaires (1er)
Tel. 42.36.21.82
Métro: Les Halles
Geschlossen:
Sonntag
Ganzjährig
geöffnet

Von der fröhlichen Hektik des ehemaligen Hallenviertels, wo Metzger in ihren blutigen Kitteln neben Nachtschwärmern im Smoking an der Theke standen, Lastwagenfahrer, Künstler, Touristen und Schauspieler Ellbogen an Ellbogen saßen, wenn sie sich gegrillte Schweinsfüße, Kutteln und Rumpsteaks schmecken ließen, ist nicht mehr allzu viel übriggeblieben. Wo früher Rattenfallen

Das La Tour de Montlhery hat rund um die Uhr geöffnet.

Sägespäne auf dem Fußboden und schiefe Deckenbalken, von denen Schinken und Würste hängen – in dem ehemaligen Hallenbistro hat sich kaum etwas verändert.

verkauft wurden, zeugen jetzt italienische Designer-Lampen von der ästhetisch-strukturellen Wende: Kunstgewerbe statt Trödel. Kutteln gibt es immer noch; aber die Fast-Food-Fabriken errichten hier eine Filiale nach der anderen. Um so spektakulärer ist dieses typische Hallen-Bistro, wo sich so gut wie nichts verändert hat. Das Sägemehl auf dem Boden, die ausrangierten Eisenbahnbänke im hinteren Teil des länglichen Lokals, die schiefen Deckenbalken, von denen Schinken und Würste hängen, die Beaujolais-Fässer am Eingang – es ist alles so, wie einst im Mai. Die bunten Lithographien und Zeichnungen an

den Wänden sind neueren Datums (und gar nicht mal so schlecht), auch ist die Kundschaft heute homogener, als sie es früher war: Journalisten vor allem und Künstler, aber auch hübsche Mädchen, die den neuesten Chic vorführen, sowie Leute, die nachts um zwei Uhr plötzlich Hunger auf eine Andouillette haben. Denn La Tour de Montlhery ist 24 Stunden geöffnet! Und so sitzen sie dicht an dicht auf den unvermeidlichen roten Kunstlederbänken an den Wänden entlang, die Jacken hängen über den Stuhllehnen, und essen und trinken und reden – alles gleichzeitig. An der Decke große Ventilatoren; Tischdekken und Servietten sind rot-weiß kariert und die Portionen riesig. Erstklassiges Landbrot steht auf den Tischen, Butter – nicht selbstverständlich in einem Bistro – wird gebracht. Eine Speisekarte gibt es nicht. Was die Küche bietet, ist mit Kreide auf eine schwarze Tafel geschrieben, die die Kellner immer wieder mal umstellen, damit sie auch jeder sehen kann. Das Angebot könnte nicht klassischer sein: mächtige Terrinen, warmer Kuchen von Geflügelleber, Hering mit Kartoffelsalat, Lauch in Vinaigrette, Andouillettes, Tripes au Calvados, der unverzichtbare panierte Schweinsfuß, Lamm-Curry, Steak-Pommes frites – alles in großen Portionen und zu niedrigen Preisen. Ich könnte nicht behaupten, daß die Küche allein

Was die Küche bietet, ist mit Kreide auf eine schwarze Tafel geschrieben.

einen Besuch wert sei, dazu fehlt es zu oft an Salz und Pfeffer und überhaupt an dem Ehrgeiz, mehr zu bieten, als die Gäste erwarten, welche hier offenbar andere Dinge suchen als kulinarische Erfüllung. Die Desserts jedoch sind von feiner Art, wenn auch wieder ganz traditionell: île flottante (Schnee-Eier auf Vanillesauce), crème caramel, mousse au chocolat – ohne Fehl und Tadel. Doch die wirkliche Attraktion dieses bunten Bistros sind seine Atmosphäre und die Stimmung der Gäste, welche hier eine sichere Zuflucht vor der Fast-Food-Welle vor der Tür gefunden haben.

Vor allem Journa-

listen, Künstler und

hübsche Mädchen

lassen sich im

La Tour de Montlhery

den Wein

schmecken.

REZEPTE AUS DEM
LA TOUR DE MONTLHERY

Curry d'agneau

Lamm-Curry

FÜR 4 PERSONEN
*1 kg Lammfleisch
aus dem Nacken
(in 50-g-Stücke
schneiden)
1 Banane
1 säuerlicher Apfel*

Das Fleisch in einem Schmortopf mit Öl und Butter anbraten. Das kleingeschnittene Obst, die gehackte Zwiebel und das bouquet garni hinzufügen. Gut vermischen. Mit dem Mehl, dem Currypulver, dem Salz und dem Knoblauch bestreuen.

Etwa 1½ Stunden bei leichter Hitze schmoren lassen, je nach Größe der Fleischstücke. Die Sauce nach Ende der Schmorzeit entfetten. Mit Reis servieren.

Dieses Gericht muß ziemlich pikant sein. Eventuell eine Prise Currypulver hinzufügen.

*2 Knoblauchzehen
2 große Zwiebeln
1 bouquet garni
1 EL Currypulver
Salz
30 g Butter
30 g Mehl*

Gâteau de foie de volaille

Geflügellebertorte

*500 g feingehackte
Geflügelleber
2 dl Milch
200 g feingehackter
fetter Speck
150 g Semmelbrösel
2 cl Sahne*

Die Leber, die Petersilie, den Knoblauch und die Zwiebeln fein hacken.

Die Milch mit dem Muskat, dem Salz und dem Pfeffer zum Kochen bringen. Die Semmelbrösel darin einweichen. Den gehackten Speck hinzufügen und alles gut vermischen. Die Leber hinzufügen, anschließend Eier und Sahne. Die Creme in eine mit Butter ausgefettete Pastetenform gießen. In einem Wasserbad etwa 40 Minuten bei 180° backen. Die Torte stürzen. Mit einer Madeira-Weinsauce servieren.

*10 g Salz
2 g Pfeffer
10 g Petersilie
2 Knoblauchzehen
2 Zwiebeln, in Butter
glasig gebraten*

Charlotte aux poires

Birnencharlotte

FÜR 6 PERSONEN

6 Williamsbirnen

125 g Zucker

5 Blatt Gelatine

3 dl steifgeschlagene

frische Sahne /

Crème fraîche

¼ Zitrone

150 g Löffelbiskuits

Birnengeist

Die Birnen schälen und in einem leichten Sirup pochieren, dann abtropfen lassen. 4 pochierte Birnen pürieren. Das Püree mit 125 g Zucker auf die Hälfte einkochen lassen. Die in kaltem Wasser eingeweichte Gelatine hinzufügen. Die Mischung erkalten lassen und mit der geschlagenen Sahne und den restlichen, in Würfel geschnittenen Birnen vermischen. Mit dem Birnengeist parfümieren. Die Creme in eine mit Löffelbiskuits ausgelegte Charlottenform füllen. (Die Löffelbiskuits vorher in mit Birnengeist parfümierten Birnensirup tauchen.)

2 Stunden im Kühlschrank kalt stellen. Die Charlotte stürzen und mit einigen Tupfern Schlagsahne verzieren. Etwas Himbeerpüree auf den Teller gießen.

CHEZ PAULINE

Küche	Ambiente
★★★★	★★

5, rue Villedo (1er)
Tel. 42.96.20.70
Métro: Palais Royal
Geschlossen:
Samstag abend
und Sonntag,
im Sommer auch
Samstag mittag,
Juli und eine Woche
zu Weihnachten

Anspruchsvoller als die anderen: Chez Pauline an der rue Villedo.

Die rue Villedo ist klein, schmal und liegt versteckt, jedoch touristenfreundlich: die Oper, die Place des Victoires, der Pont Neuf sind gleich weit entfernt, das Palais Royal liegt vor der Haustür. Diese läßt schon von außen ahnen, daß drinnen möglicherweise von den Dekorationen der guten alten Zeit einiges erhalten geblieben ist. Einiges? Ein komplettes Ensemble aus der Zeit der Jahrhundertwende präsentiert sich dem beglückten Besucher, blitzblank, zweistöckig und oben genauso gut erhalten und genauso gemütlich wie unten. Zusätzlich, neben taktvoller Restauration, ist dieses Bistro sehr gut ausgeleuchtet, auch sitzt man bequemer, als das in den Kleinbetrieben üblich ist. Die Tische sind gepflegt eingedeckt; feine Platzteller und die Weingläser verraten: Chez Pauline ist nur äußerlich ein Bistro. Mit der Speisekarte in der Hand schwinden dann die letzten Illusionen. Hier wird mehr anvisiert als brave Hausmannskost; schließlich schmückt sich Chez Pauline schon seit Jahren mit einem Michelin-Stern. Mittags besteht die Kundschaft aus Geschäftsleuten, die sich auch schon mal einen Kartoffelsalat mit frischen Trüffeln leisten oder einen lièvre

à la royale (ein entbeinter, mit Foie gras gefüllter Hase).
Abends ist die Klientel nicht von der in anderen Gourmet-Restaurants zu unterscheiden. Doch immer noch
gibt es einige Gerichte, die an die Bistro-Tradition erinnern: Ragout de haddock aux pâtes fraîches (geräucherter Schellfisch mit Nudeln), Bœuf bourgignon,
Burgunderschinken und andere Terrinen und – für mich
ein Meisterwerk – der warme Salat aus Kalbskopf und
-zunge auf Kartoffelscheiben. Wie der Besitzer und

Die Einrichtung stammt aus der Zeit der Jahrhundert-wende.

Küchenchef André Genin das rustikale Produkt in eine
Delikatesse verwandelt, das ist wunderbar und bewun-
dernswert. Doch bewunderungswürdig ist das meiste,
was die Küche verläßt, weil nämlich hier der Geschmack

Stilvoll, bequem und nicht umsonst mit einem Michelin-Stern ausgezeichnet: Chez Pauline.

wichtiger genommen wird als
die Schau, weil die Qualität
nicht bei der Fleischsorte endet,
sondern sich auf jedes eßbare
Detail erstreckt. Deshalb ist das
klassische Rinderfilet in einer
sauce bordelaise mit Mark und

einem gratin dauphinois in jeder Einzelheit ein Hochge-
nuß, deshalb bleibt das ris de veau en croûte (eingebacke-
nes Kalbsbries nach einem Rezept von Monsieur Genin
senior) mit seiner köstlichen Sauce unübertroffen, deshalb sind schließlich auch die Desserts überdurchschnittlich lecker. (Und deshalb liegen die Preise deutlich
über denen anderer Bistros.)

Mehr als ein Bistro: Chez Pauline bietet hervorragenden Service und köstliche Speisen.

REZEPTE AUS DEM CHEZ PAULINE

Salade de queues de langoustines aux fonds d'artichauts

Salat von Langustinenschwänzen auf Artischockenböden

FÜR 6 PERSONEN

6 gekochte und abgekühlte Artischockenböden
VINAIGRETTE
Haselnußöl, Weinessig
Salz, Pfeffer

Die rohen Langustinenschwänze aus der Schale lösen. Die in Achtel geschnittenen Artischockenböden auf den Tellern anrichten. Den Salat in der Mitte häufen. Alles würzen. Die Langustinenschwänze ohne Fett in einer beschichteten Pfanne braten. Auf dem Salat verteilen und mit den Tomatenwürfeln bestreuen.

400 g gemischter Salat
1 enthäutete und entkernte, in Würfel geschnittene Tomate
42 mittelgroße Langustinen

Ris de veau en croûte

Kalbsbries in Teigkruste

6 Kalbsbriese, 3 Minuten in kochendem Wasser blanchiert
GARNITUR ZUM SCHMOREN
Zwiebeln, Karotten, Thymian, Lorbeerblätter, Petersilie

Die Kalbsbriese auf dem Gemüsebett ½ Stunde im Backofen (Gas Stufe 6) schmoren lassen. Aus dem Backofen nehmen und erkalten lassen.

Den Bratenfond mit dem Portwein ablöschen, Armagnac und Sahne hinzufügen. Würzen und etwas einkochen lassen. Durch ein Sieb geben und noch einmal zum Kochen bringen. Die Champignons hinzufügen.

Jedes runde Kalbsbries in ein Blätterteigquadrat einhüllen und ½ Stunde im Backofen (Gas Stufe 7) backen. Nach Lust und Laune servieren – auf einer Platte, die Sauce getrennt, reichen oder auf einem Teller.

WEITERE ZUTATEN
50 g Butter
1 Glas Portwein
½ l Sahne
200 g in Würfel geschnittene Champignons
10 cl Armagnac
Blätterteig

Salade de tête de veau

Salat vom Kalbskopf

FÜR 6 PERSONEN

1½ Kalbsköpfe und

1½ Kalbszungen,

nach klassischer Art

gekocht

8 gekochte Pell-

kartoffeln

Den Kalbskopf und die Kalbszunge in Würfel schneiden und in der Kochbrühe warm halten: abtropfen lassen und mit der Sauce Ravigote würzen.

Die warmen Kartoffeln schälen und in Scheiben schneiden. Kreisförmig um jeden Teller anrichten.

Etwas gemischten gewürzten Salat in die Mitte jedes Tellers legen. Den warmen Kalbskopf auf diesem Salat anrichten. Mit Paprika und Schnittlauch bestreuen.

SAUCE RAVIGOTE

Mayonnaise

1 hartgekochtes Ei

gehackte Schalotten

gehackte Petersilie

Gewürzgurken

300 g gemischter

Salat

Paprika

Schnittlauch

LA FERMETTE DU SUD-OUEST

Küche	Ambiente
★ ★ ★ ★	★ ★

33, rue Coquil-
lière (1er)
Tel. 42.36.73.55
Métro: Louvre
Geschlossen:
Sonntag
Ganzjährig
geöffnet

 **Wo** früher die alten Markthallen standen – der Bauch von Paris, wie Zola sie nannte –, wo Nachtbummler und Marktleute eine unvergleichliche, bunte Atmosphäre schufen, macht sich heute das sterile Forum breit. In gebührendem Abstand von diesem modernistischen Konsumtempel, in der Verlängerung der rue Coquillière über die rue du Louvre hinaus (an deren Ecke sich Dehillerin befindet, die mit Bratpfannen und Küchenmessern vollgestopfte Schatzkammer für alle Koch-Freaks), hat Christian Naulet eine Bastion der Solidität errichtet. Sein Bistro erinnert in keinem Detail an das alte Paris, eher an eine winzige, aber gepflegte, doppelstöckige Bauerngaststätte aus dem Südwesten Frankreichs. Von dort kommt der Patron mit dem gezwirbelten Schnurrbart und dem Bleistift hinterm Ohr auch her, und seine Heimat (das Périgord) bestimmt den Stil seiner Küche. Die ist so ungewöhnlich köstlich, daß die Popularität des ehemaligen Charcutiers nicht wundert. Ohne Konzessionen an modische Trends und ohne Rücksicht auf die Kalorienzähler bietet er seine Heimatküche in einer Reinheit, wie man sie sogar im Périgord nur selten findet. Dennoch nichts von der Plumpheit gedankenlos übernommener Uralt-Rezepte, nichts von der Ratlosigkeit gleichgültiger Köche gegenüber den Aromen. Wenn Monsieur Naulet Knoblauch verwendet, dann schmeckt man ihn auch; wenn er ein cassoulet mit Gänsefleisch im Schmortopf auf den Tisch stellt, dann schmeckt das nach Gans (und sättigt den Gast für die nächsten 36 Stunden). Seine cassolette de petits gris ist ein unwiderstehliches Haschee

*Christian Naulet –
sein Bistro erinnert
an eine Bauerngast-
stätte aus dem Süd-
westen Frankreichs.*

aus kleinen Schnecken und Hackfleisch; seine Entenbrust (magret de canard) mit Steinpilzen hat Qualitäten,
vor denen jeder Starkoch den Hut ziehen müßte. Was
immer hier aus der Küche kommt (es kommt selten
gleichzeitig, aber es wird freundlich gebracht, meistens
sogar vom Patron selber), entzückt durch die Entschie-
denheit, mit der hier auf die wichtige, aber seltene Eigenschaft geachtet wird, die durch das Wort »lecker« am
besten beschrieben wird. Dabei hat die für eine Bistro-
Küche ungewöhnliche Perfektion nichts Angestrengtes;
eher scheint mir wahrscheinlich, daß Christian Naulet in
der Küche singt. Genauso erfreulich sind die Desserts
und letzten Endes auch die Weinkarte. Nur Beaujolais-
Freunde sind bei einer anderen Adresse besser aufgeho-
ben, hier trinken Kenner die vorzüglichen roten Cahors
oder Madiran. Katzenfreunde sollten den Tisch mit den
beiden Kurzsofas bestellen, dort werden sie garantiert
von einem Doppelgänger Garfields an ihre Abgabepflicht
erinnert.

Hier trinken Kenner die vorzüglichen roten Cahors oder Madiran.

REZEPTE AUS DEM FERMETTE DU SUD-OUEST

Aiguillettes de canard aux trompettes de la mort

Entenfilets mit Totentrompeten

Die entstielten Pilze sorgfältig waschen und trocknen. Die feingeschnittenen Schalotten in einem Schmortopf in Butter glasig dünsten. Die Pilze hinzufügen, salzen, pfeffern und zugedeckt eine halbe Stunde schmoren lassen. Die Entenstücke in einer sehr heißen Pfanne eine Minute von beiden Seiten anbraten. Auf einen Teller legen. Die Pfanne mit etwas Portwein ablöschen. Den Saucenfond, die Crème fraîche und die Pilze hinzufügen. Die Sauce nicht zu sehr einkochen lassen. Mit Butter verfeinern und, wenn nötig, abschmecken. Die Entenstücke damit bedecken. Sehr heiß auftragen.

5 lange, dünne Entenfiletstücke pro Person

100 g Totentrompeten

Saucenfond von der Ente

Crème fraîche

Butter

Schalotten

Portwein

Purée de céleri

Selleriepüree

Den Sellerie schälen und in kleine Würfel schneiden. Mit den Kartoffeln ebenso verfahren. Alles in einen Topf geben und die Milch hinzufügen. Mit Wasser aufgießen. Butter und Salz zugeben. Den Deckel aufsetzen und etwa eine ¾ Stunde kochen. In ein Sieb geben und durch eine Gemüsemühle pürieren. In den gleichen Topf geben. Etwas Sahne hinzufügen, wenn das Püree zu dick ist. Abschmecken.

1 Knolle Sellerie

2-3 Kartoffeln

½ l Milch

100 g Butter

grobes Meersalz

Beurre blanc

Buttersauce

PRO PERSON

100 g Butter

3 EL Wasser

1 EL Sahne

Wasser und Sahne in einem kleinen Topf zum Kochen bringen. Sobald die Flüssigkeit zu kochen beginnt, die Butter in Stückchen hinzufügen, salzen und pfeffern. Mit einem Schneebesen kräftig schlagen, bis eine glatte Creme entsteht. Den Zitronensaft hinzufügen.

Salz

gemahlener Pfeffer

Zitronensaft

CHEZ PHARAMOND

Küche	**Ambiente**
★ ★ ★ ★	★ ★ ★ ★

24, rue de la
Grande-
Truanderie (1er)
Tel. 42.33.06.72
Métro: Les Halles
Geschlossen:
Sonntag
und Montag mittag,
15. Juli
bis 15. August

Der Küchenchef

hält die Küche

der Normandie

in Ehren.

Das Schönste am Pharamond sind die Kacheln. Die Blumen- und Blättermotive aus der Zeit der Jahrhundertwende und die drei großen Baumbilder: Apfel, Quitte, Birne. Bunte Kacheln und große Spiegel an den Wänden, sonst nichts. Sie geben dem Raum einen märchenhaften Effekt. Es ist ein länglicher, sehr hoher Raum, abends ist die Beleuchtung etwas trübe. Dennoch sitzen die Stammgäste hier im Parterre. In der ersten Etage gibt es ein

Beeindruckend: Glas und Kacheln mit Blumen- und Blättermotiven aus der Jahrhundertwende.

weiteres Zimmer, heller, niedriger und ohne Kacheln, dort sitzen die anderen. Früher war das Pharamond ein typisches Hallen-Bistro. Aber seit Les Halles abgerissen sind, ist alles etwas anders. Heute wirkt das Pharamond in der grellen Nachbarschaft mit den Fast-Food-Krippen wie ein verschwiegener Verschwörertreff. Tatsächlich scheinen sich das Bistro und seine Stammgäste verschworen zu haben, die regionale Tradition, wie sie hier seit fast einem Jahrhundert gepflegt wurde, gegen die profillose Konfektion zu verteidigen. Hier wird die Küche der Normandie in Ehren gehalten, und wer wissen will, wie dort die Kutteln zubereitet werden, der muß hier die tripes à la mode de Caen probieren. Sie werden in Cidre

gekocht und glühend heiß in einem Eisentopf serviert. Dazu trinken Kenner keinen Wein, sondern Cidre. Auf der kleinen Tageskarte findet man die Cuisine du Marché, also das, was der Markt an diesem Tag Besonderes bot. Vielleicht ein Babysteinbutt in Sancerre, vielleicht eine cassolette de pétoncles, eine kleine Muschelart auf einem Pilzpüree, die hier eine Delikatesse ist. Doch auch die anderen Hervorbringungen der Küche sind von hoher Qualität und erklären den Michelin-Stern, mit dem sie seit langem ausgezeichnet ist. Zum Beispiel die salade champêtre (mit Hühnerleber, -herz und Entenbrust), die Kalbsnieren, die Andouillette und das herrlich zarte Lammkarree. Ganz vorzüglich sind auch die Desserts. Die mousse au citron mit der Backpflaumensauce ist eines Gourmet-Restaurants würdig, auch die flambierte Apfel-torte ist perfekt, wie überhaupt der Patissier sehr zum Ruhm dieser Küche beiträgt. Das Weinangebot auf der Rückseite der Speisekarte scheint klein zu sein, doch exi-stiert noch eine umfangreiche Weinkarte, auf der feine Bordeaux und andere gute Flaschen verzeichnet sind.

Märchenhaftes Am-biente in der grellen Nachbarschaft von Fast-Food-Kneipen.

Die Kutteln werden in Cidre gekocht und glühend heiß im Eisentopf serviert.

Im Pharamond wird die regionale Tradition gegen die profillose Konfektion verteidigt.

Das Pharamond – seit dem Abbruch der Markthallen ein verschwiegener Verschwörertreff.

A LA PETITE NORMANDE

TÉLÉPHONE : (1) 42.33.06.72
42.36.51.29

Restaurant PHARAMOND

24, Rue de la Grande-Truanderie – LES HALLES

Tripes à la mode de caen

Menu

REZEPTE AUS DEM CHEZ PHARAMOND

Tripes

Rinderkutteln

Die Kutteln mit Hilfe eines scharfen Messers in 4-cm-Stücke schneiden.	**3 kg Rinderkutteln**
	1 Rinderfuß mit
Den gespaltenen Rinderfuß in den Schmortopf legen.	**Knochen, in Hälften**
Eine Schicht Zwiebelringe und Karottenscheiben dar-	**400 g Zwiebeln**
übergeben.	**300 g Karotten,**
Die Kutteln in einer Schicht in den Topf legen. Zwiebel-	**in Scheiben**
ringe und Karottenscheiben darauf verteilen. Nelken,	**2 Nelken**
Knoblauchzehen, bouquet garni, Salz, Pfeffer, Weißwein	**2 Knoblauchzehen,**
und Wasser hinzufügen. 3 EL Mehl mit etwas Wasser in	**ungeschält**
einer Schüssel zu einer dicken Paste verrühren, die den	**1 bouquet garni**
Topf luftdicht verschließen wird.	**30 cl Wasser**

GAREN DER KUTTELN

Die Oberkante des Schmortopfs mit der Paste verschmie-	**12 g Salz**
ren. Den Deckel daraufsetzen und festdrücken. Im Back-	**6 g Pfeffer**
ofen bei leichter Hitze (140°) 8 Stunden garen lassen.	**1 großer EL**
Am Ende der Garzeit den Topf öffnen. Einkochen lassen.	**gehackte Schalotten**
Den Rinderfuß vorsichtig herausnehmen, entbeinen, das	**15 cl trockener**
Fleisch in kleine Stücke schneiden und erneut in den	**Weißwein**
Schmortopf geben. Mit dem Calvados aufgießen. Vermi-	**3 cl Calvados**
schen und auftragen. Sehr heiß servieren.	

Côte de veau au citron
Kalbskotelett mit Zitrone

FÜR 2 PERSONEN

1 dickes Kalbskote-
lett

3 Zitronen

2 Karotten

1 Tomate

1 Glas trockener
Weißwein

1 EL gehackte
Petersilie

2 cl braune
Kalbsbrühe

Salz, Pfeffer

Zucker

1 EL Honig

Das Kalbskotelett bei leichter Hitze braten lassen. Aus der Pfanne nehmen und warm stellen.

Den Bratenfond entfetten. Die Karotten und die Zwiebeln in Butter braten. Mit dem Weißwein aufgießen. Die Tomate und den Knoblauch mit dem Saft von 3 Zitronen und der Brühe hinzufügen.

Einkochen lassen. Die Sauce mit Butter verfeinern. Mit Zitronenspalten und Streifen von eingelegter Zitronenschale verzieren. Die Sauce mit dem Honig binden. Das Kalbskotelett damit bedecken.

Mousse au citron
Zitronencreme

4 Zitronen

4 Eier

95 g feinster Zucker

80 g Butter

2 Blatt Gelatine

125 g Crème fraîche

115 g Eiweiß

Eier, geriebene Zitronenschale, Zitronensaft, Zucker und Butter in einer Edelstahlschüssel vermischen. Ins Wasserbad setzen und bei leichter Hitze erwärmen. Die Creme soll die Konsistenz einer Vanillecreme (crème pâtissière) erreichen. Durch ein Haarsieb passieren. Die Gelatine hinzufügen und ganz erkalten lassen.

Die Sahne schlagen und kalt stellen. Wenn die Creme kalt ist, die Eiweiße mit wenig Zucker steif schlagen.

Die geschlagene Sahne mit der Zitronencreme vermischen. Die Eiweiße hinzufügen.

In kleinen Förmchen fest werden lassen.

PIERRE TRAITEUR

Küche	Ambiente
★ ★ ★	★ ★ ★

10, rue
de Richelieu (1er)
Tel. 42.96.09.17
Métro: Palais Royal
Geschlossen:
Samstag und
Sonntag,
Feiertage und
August

Das Palais Royal ist nebenan, der Louvre nicht weit – in welche Richtung man auch geht, viele Attraktionen von Paris liegen praktisch vor der Haustür. Das Pierre wird in den Annalen der Pariser Futterplätze seit unendlichen Zeiten als Bistro Pierre Traiteur geführt. Es war ein braves, bürgerliches Restaurant, mehr ordentlich als charmant, das Wort »gepflegt« hat seine Berechtigung. Die Küche hatte immer etwas mehr im Sinn als anspruchslosen Gästen für wenig Geld große Portionen zu verabreichen. Klein sind die Portionen auch heute nicht, doch etwas hat sich geändert: die Besitzer. Nicole und Daniel Dez leiteten

jahrzehntelang ein originelles Restaurant im 9. Arrondissement, das Nicolas. Dort gab es eine wunderbare Foie gras de canard, Kalbskopf in Vinaigrette, verschiedene Würste und die sonstigen Lieblingsspeisen der Bürger, in sorgfältiger Ausführung. Nun haben Monsieur und Madame Dez das Pierre Traiteur übernommen (der ehemalige Besitzer, ein Freund, hat sich zur Ruhe gesetzt), und sie führen hier fort, was der Vorgänger erreicht hat. Also ein bürgerliches Restaurant, das sich von anderen Bistros insofern unterscheidet, als hier das Zubehör deutlich feiner ist: die Weingläser, die Tischwäsche. Der Service ist von bemerkenswerter Freundlichkeit und aufmerksamer, als man das erwarten würde. Denn was die Preise angeht, ist Pierre immer noch ein bescheidenes Restaurant, und die Küche wird immer noch bestimmt von Traditionen und den Erwartungen eines konservativen Publikums. Das heißt, die Rezepte sind seit Jahrzehnten bekannt, die Zubereitungen haben sich etwas, nicht

Bürgerliche Küche
zu angemessenen
Preisen – im Pierre
seit vielen Jahren
Tradition.

viel, den geänderten Kochmoden angepaßt. So sind die Makrelenfilets in Cidre mit pochierten Apfelschnitzen ein Klassiker in modernem Gewand, ist der quenelle de brochet (Hechtkloß) zwar immer noch ein Hauptgericht, aber leichter, als das früher üblich war. Den Kalbskopf gibt es auf der jeden zweiten Tag sich ändernden Karte immer wieder, ebenso die Andouillette, die gebratenen Blutwürste und ähnliche Deftigkeiten, die vielleicht nicht immer gleichmäßig gewürzt sein mögen, sich von den anspruchslosen Verwandten gleichen Namens aber wohltuend unterscheiden. Herrliche crème caramel, schöne Auswahl an Weinen von der Loire, aus dem Burgund und Bordeaux, die sich, dem Rahmen entsprechend, in bescheidenen Preiskategorien bewegen.

Die Weine stammen von der Loire, aus dem Burgund und aus der Gegend um Bordeaux.

RESTAURANT PIERRE
au Palais Royal

10, RUE DE RICHELIEU - 7, RUE MONTPENSIER

75001 PARIS   42 96 09 17

S.A. au Capital de 250 000 F — R.C.S. PARIS B 339 099 178

Huîtres Spéciales n° 2 - les 6 : 78
Émincé de Saumon cru à l'huile de noix 98
Filets de maquereaux frais au cidre 55
Cassole de moules de bouchot aux épinards 75
Escalope de Foie Gras de Canard chaud au vinaigre de Xérès
Terrine de Foie Gras de Canard 110 (verre de Sauternes 3
Salade au Foie Gras de Canard 90
Jambon persillé 65 ~ Terrine de Canard 58
Saucisson chaud lyonnais poché au Beaujolais 68
Fonds d'artichauts frais à l'huile de noix 75
Feuilleté d'Œufs brouillés aux escargots de Bourgogne

Poissons:

Coquilles Saint-Jacques à l'effilochée d'endives 13
Filet de Bar aux pâtes fraîches 130
Aile de Raie au beurre noisette 98
Sole meunière aux courgettes 130
Lotte en papillote à la tomate fraîche 115
Quenelles de brochet sauce Nantua 80
Estofinade à la rouergate 80

Viandes:

Choux farcis à la bourguignonne 98
Tête de veau sauce gribiche 90
Filet d'agneau rôti à l'estragon 115
Bœuf ficelé à la ménagère 110 ~ Steack au poivre 11
Foie de veau poêlé à l'aigre-doux 110
Rognon de veau rôti à l'échalote confite 120
Andouillette sautée à la lyonnaise 80

Gibiers:

Canard sauvage aux reinettes 115
Poule faisane rôtie à l'embeurrée de choux (p 2) 21
Râble de lièvre sauce poivrade 150

Plateau de Fromages 40

Desserts:

Poire pochée avec son sorbet 46
Nage d'oranges et de pamplemousse au miel 46
Gratin d'agrumes au grand-Marnier 52
Ananas frais au kirsch ou au rhum 50
Mousse au Chocolat 46 ~ Crème au Caramel 42
Tarte Tatin 46 ~ Tarte aux poires à l'alsacienne 4
Profiteroles glacées au chocolat 46
Glaces et sorbets maison 42

Kir	24
Champagne Framboise	40
Tavel Rosé	**125**
Mâcon Viré	110
Sancerre	130
Pouilly Fumé	115
Chablis 1er cru	240
Pouilly Fuissé	290
Meursault	285
★	
Champagne Philipponnat	225
Beaujolais	**85**
Cahors	80
Bourgueil	85
Chinon	98
Cru du Beaujolais	115
★	
Château Bel Air 82 (Canon-Fronsac)	—
Château Etoile 83 (Graves)	115
Château Chicane (Graves)	125
Château Beaumont 83 (Ht-Médoc)	145
Château Houissant (St-Estèphe) 83	185
Château Lalande Borie (St-Julien) 83	210
Château Soutard (St-Emilion) 80	210
Château Hautes Tuileries (Lalande de Pomerol) 83	125
Château Carteau (St-Emilion) 83	160
Château d'Arcie (St-Emilion) 79, la 1/2	75
Château Ormes Sorbet (Ht-Médoc) 78, la 1/2	88
Château Smith Haut Laffitte (Graves) 81, la 1/2	115
★	
Bourgogne Irancy	105
Ladoix Serrigny	150
Meursault Rouge	220
★	
Crozes-Hermitage	125
★	
Eau minérale 24 la 1/2	15
Café	14
Thé - Infusion	20

LA CARAFE DE CANON-FRONSAC
90 F - 1/2 45 F

Service 15 % compris.

REZEPTE AUS DEM PIERRE TRAITEUR

Choux farcis à la Bourguignonne

Gefüllter Kohl auf Burgunder Art

1 grüner Kohlkopf
oder Wirsing
500 g frischer
Schweinebauch
1 Schweinenetz
150 g Semmelbrösel
1 Glas Milch
1 Knoblauchzehe
1 Ei
500 g roher Spinat
Salz, Pfeffer
Petersilie

Den Kohlkopf ganz lassen, aber mit Hilfe eines Messers den Strunk entfernen. Den Kohl in kochendem Wasser blanchieren und abschrecken. Die Semmelbrösel in Milch einweichen und gut ausdrücken. Das Schweinefleisch mit den Semmelbröseln, dem Knoblauch, der Petersilie und dem Spinat im Zerkleinerer nicht zu fein hacken. Mit Salz und Pfeffer würzen und mit dem Ei vermischen.

Man braucht ein Küchentuch und eine Schale oder eine Schüssel, um die Kohlroulade zu formen. Die Kohlblätter vorsichtig ablösen, aber ganz lassen. Das Küchentuch in die Schüssel legen. 1 oder 2 Kohlblätter ausbreiten. 1 EL Füllung darauflegen – dann wieder 1 – 2 Kohlblätter – etwas Füllung – mit einem Kohlblatt bedecken – mit dem Tuch fest ziehen, damit eine Kugel entsteht – diese Kugel mit dem Schweinenetz umhüllen.

In Würfel geschnittene Zwiebeln und Karotten in einen Schmortopf legen – Thymian, Lorbeerblätter, Petersilienstengel und die gefüllte Kohlroulade darauflegen. Mit einem trockenen Weißwein und einem hellen Saucenfond (Rindfleisch- oder Hühnerbrühe) aufgießen und bei leichter Hitze 1–1½ Stunden köcheln lassen.

Sie können dieses Gericht mit Würstchen, gekochtem gesalzenen Speck und Salzkartoffeln servieren. Mit der Kochbrühe begießen.

Filets de maquereaux au cidre

Makrelenfilets in Cidre

FÜR 4 PERSONEN

500–700 g kleine
Makrelen

1 l trockener Cidre
(schäumend)

½ Glas Apfelessig

1 große Zwiebel

2 Äpfel

Salz, Pfeffer

Die Köpfe der Makrelen entfernen, ausnehmen, entgräten und waschen. Die Zwiebel durch die feine Scheibe des Fleischwolfs drehen. Die Äpfel schälen, die Kerne ausstechen und dann in Ringe schneiden.

Eine Schicht Zwiebeln auf eine feuerfeste Platte legen. Die Makrelen nebeneinander in einer Reihe darauflegen. Mit Salz und Pfeffer würzen. Die restlichen Zwiebeln und die Äpfel über die Fische verteilen. Mit dem Cidre und dem Apfelessig begießen. Zum Kochen bringen (nicht mehr). Auf der Platte erkalten lassen. (Wenn die Äpfel noch nicht gar sind, diese in dem Saft garkochen.) Wenn die Fische kalt sind, auseinandernehmen und in zwei Filets teilen (das Rückgrat entfernen).

Auf einem Teller oder einer Platte mit den Zwiebeln, den Äpfeln und etwas Bratensaft anrichten. Wenn nötig, mit Salz und Pfeffer abschmecken und mit etwas Apfelessig beträufeln. Gut gekühlt servieren.

Makrelenfilets in Cidre

Quenelles de brochet avec sauce ciboulette

Hechtklößchen in Schnittlauchsauce

500 g Hechtfleisch
250 g Kalbsnieren-
talg
2 Eiweiße
Salz, Pfeffer
geriebene
Muskatnuß

Eine Panade aus 125 g Semmelbrösel und 12 cl Milch zubereiten: die Milch zum Kochen bringen und die Semmelbrösel hinzufügen. Den Teig so lange schlagen, bis er sich vom Holzlöffel löst.

Den Hecht enthäuten und sorgfältig entgräten. Fein hacken und mit dem Talg im Mixer pürieren. Die kalte Panade hinzufügen, vermischen und die Eiweiße hinzufügen.

Würzen (Salz, Pfeffer, Muskat). Gründlich vermischen und durch ein Haarsieb streichen, um die Gräten und Nerven des Hechts zu entfernen. Die Paste in eine Schüssel geben und im Kühlschrank erstarren lassen.

Mit Hilfe eines in heißes Wasser getauchten Eßlöffels kleine Klößchen ausstechen und in einer Fischbrühe 10 Minuten pochieren lassen, ohne sie zum Kochen zu bringen. Die Klößchen mit der Sauce bedecken und mit gehacktem Schnittlauch bestreuen.

SAUCE

Fischgräten (Seezunge) mit Butter, gehackten Schalotten, Petersilienstengeln und dem Grün des Porrees andünsten, ohne daß sie Farbe annehmen. Mit 1 Glas trockenem Weißwein aufgießen. Stark einkochen lassen. 1 l Crème double (dicke Sahne) hinzufügen und ½ Stunde köcheln lassen. Durch ein sehr feines Haarsieb streichen. Würzen (Salz, Pfeffer) und gehackten Schnittlauch hinzufügen.

AU DUC DE RICHELIEU

Küche	Ambiente
★ ★	★ ★

110, rue de

Richelieu (2e)

Tel. 42.96.38.38

Métro : Richelieu-

Drouot

Geschlossen :

Sonntag,

August

Das Paris der dreißi-
ger Jahre – im
Au Duc de Richelieu
ist es noch lebendig.

Pariserischer geht's kaum, wenn man mit diesem
Begriff das Paris der Dreißiger Jahre gleichsetzt, die pitto-
resken Kleinbürger, wie sie Raymond Queneau beschrieben und Dubout gezeichnet haben, die Künstler, die
(noch) nicht das linke Ufer als einzig erträglichen
Lebensraum beanspruchen. Ein kreischend buntes
Bistro mit unzähligen Urkunden, Plakaten und Fotos an
den Marmorwänden, mit grotesken Zierpflanzen, Dop-
pelmagnumflaschen auf der Anrichte, mit der belagerten
Theke, den kleinen Tischen mit ihren Papierdecken, der
Enge, dem Lärm, der Hochstimmung der Stammgäste –
es ist die pure Nostalgie ohne museal-dekoratives
Beiwerk. Hier empfiehlt sich mehr als woanders vorzu-
bestellen; denn voll ist es immer. Kommt man jedoch zu
früh, so ist die Wirkung eher verstörend. Hier soll es lustig
sein? Eventuell sogar schmecken? Die Speisekarte ist
erbärmlich klein und liest sich uninteressant, die Preise
sind verdächtig niedrig. Die Weinkarte verzeichnet zwar
manche akzeptable Flasche, aber das meiste ist dann aus-
verkauft. Doch wenn man zaghaft einen Tomatensalat
bestellt, sind die Tomaten zwar wahrscheinlich eiskalt,

aber die Vinaigrette ist überraschend gut abgeschmeckt. Das steak au poivre kommt nahezu perfekt auf den Tisch, die Sauce dazu hat die sympathischen Merkmale einer Familienküche. Schließlich lassen auch die Tagesgerichte erkennen, daß am Herd eine Frau steht, die der bistro-üblichen Deftigkeit jene persönliche Note beizugeben weiß, die die Hausmannskost auszeichnet. Also sind die Pommes frites selbstgemacht und das Fritieröl frisch, und von der andouillette au pouilly bis zum Apfelkuchen erfreut sich der Gast nicht nur an den großen Portionen, sondern auch an der Eigenschaft, die man »mit Liebe gekocht« bezeichnet. Sogar die zwei, drei Käsesorten, die zur Auswahl stehen, haben diese Qualität im übertragenen Sinne, und somit erweist sich das im Grunde bescheidene Angebot als die Essenz der nicht sehr anspruchsvollen, aber ehrenhaften Bistroküche. Letzten Endes aber ist die Hauptattraktion im Au Duc de Richelieu dann doch die heitere Atmosphäre, diese

bürgerliche Inszenierung vom Pariser Leben, wo Familien nicht essen, sondern feiern, wo die Nachbartische in die gute Laune einbezogen werden, und der Kontrast zu dem anonymen Rummel auf dem vor der Tür liegenden Boulevard des Italiens mit seiner neonbeleuchteten Vulgarität nicht größer sein könnte.

Bistro-übliche Deftigkeit mit persönlicher Note.

Au Duc de Richelieu: pure Nostalgie ohne museal-dekoratives Beiwerk.

Der Weinkeller birgt akzeptable Flaschen.

REZEPTE AUS DEM
AU DUC DE RICHELIEU

Paupiettes de veau

Kalbfleischrouladen

Einige schöne, dünne Kalbsschnitzel vorbereiten.

FÜLLUNG

Etwas Schweinenacken und Kalbfleisch aus der Keule hacken. Feingehackte Petersilie, ein wenig Knoblauch, Salz und Pfeffer hinzufügen. Die Eier wie für ein Omelett schlagen und vorsichtig daruntermischen. In der Zwischenzeit die Zwiebeln hacken, die Sie in einer Schmorpfanne glasig braten, ohne sie anbrennen zu lassen. Mit der Füllung vermischen. Mit einem Schuß Cognac verfeinern. – Die Füllung auf die Mitte der Kalbsschnitzel verteilen. Die Kalbsschnitzel aufrollen und mit einem Schweinenetz umhüllen (das Schweinenetz vorher in frischem Wasser spülen). – Die Rouladen bei leichter Hitze braten. Einige Champignons und Speckwürfel hinzufügen; sie werden etwas Bratensaft ergeben. Die Sauce entfetten und mit frischen Gemüsen servieren.

Andouillettes au Pouilly-Vinzelles

Andouillettes mit Pouilly-Vinzelles

Die Andouillettes etwa 10 Minuten bei leichter Hitze von allen Seiten braten.

In der Zwischenzeit etwas Crème fraîche mit geriebenem Gruyère und dem Pouilly in einer feuerfesten Form bei geringer Hitze im Backofen erhitzen. Die Saucenzutaten vermischen; sie sollen langsam schmelzen.

Wenn die Andouillettes goldgelb sind, aus der Pfanne nehmen und gut abtropfen lassen, damit das Bratfett nicht mit der Sauce vermischt wird.

Die Form aus dem Backofen nehmen. Die Andouillettes in die Form legen und mit geriebenem Gruyère bestreuen. Etwa 10 Minuten im Backofen gratinieren und in dem Saft köcheln lassen.

Gâteau aux pommes

Apfeltorte

Einen Blätterteig zubereiten. Etwas ruhen lassen. In der Zwischenzeit die Äpfel schälen, entkernen und in Scheiben schneiden.

Eine Form mit dem Blätterteig auslegen und die Apfelscheiben darauf verteilen. Die Eigelbe mit Zucker und Vanille schlagen. Die Eiweiße mit gemahlenen Mandeln steif schlagen und über die Äpfel gießen. 20 Minuten backen.

AUX CRUS DE BOURGOGNE

Küche	Ambiente
★ ★	★ ★ ★

3, rue
Bachaumont (2e)
Tel. 42.33.48.24
Métro: Les Halles
Geschlossen:
Samstag
und Sonntag,
August

Wer dieses urgemütliche Bistro betritt und nicht bereits eine gesteigerte Vorfreude auf kulinarische Genüsse verspürt, der hat den falschen Weg genommen. Er ist in die rue Bachaumont von Westen eingebogen, hat also die am östlichen Ende liegende rue Montorgeuil verpaßt. Die rue Montorgeuil jedoch ist eine typische Pariser Marktstraße, die mit Foie gras gepflastert zu sein scheint, wo die Kapaune, die Fasane, Bressehühner und Rinderkoteletts dem Fußgänger fast wie im Schlaraffenland vor der Nase baumeln. Obwohl dieses Stadtviertel nördlich der ehemaligen Hallen keineswegs eine vornehme Wohngegend ist, fehlen in den Läden der rue Montorgeuil weder Kaviar noch Havanna-Zigarren, und in der Hausnummer 53, gleich bei Aux Crus de Bourgogne um die Ecke, befindet sich ein erhalten gebliebener Bäckerladen aus der Zeit, als solche Geschäfte eine einheitliche, wundervoll bunte Dekoration aus bemalten Glaswänden und -decken hatten. Wenn der Gast dann das Aux Crus de Bourgogne betritt, hat er, noch bevor die freundlichen Kellner ihn an seinen Tisch bringen, sofort das Gefühl: hier ist es gemütlich, hier fühl' ich mich wohl. Es muß mit den Proportio-

nen der beiden über Eck liegenden Räume zu tun haben. Die rot-weiß gewürfelten Tischdecken und Servietten, die roten Lederbänke, die ölgestrichene Stuckdecke, die Spiegelwände, der Fliesenboden – es ist alles so, wie es sich für ein klassisches Bistro gehört. Die Familie Bouvier bewirtschaftet es seit den Dreißiger Jahren. Von der Großmutter des jetzigen Patrons stammt das Rezept für die hausgemachte Foie gras, die in großen Blöcken herumgetragen wird. Sie ist von hervorragender Qualität und wäre sicherlich die Spezialität des Hauses, wenn nicht ein anderes Gericht diesen Begriff für sich in Anspruch nähme: Languste mit Mayonnaise. Diese für ein Bistro ungewöhnliche Delikatesse hat hier Tradition. In großen Mengen liegen die täglich frisch gekochten Schalentiere hinter der Theke, und fast jeder Gast bestellt sich als Vorspeise zunächst einmal eine Languste. Die noblen Meerestiere kosten hier nämlich nicht mehr als anderswo eine Portion Schnecken. In der Jagdsaison wartet die Küche mit Hirschbraten und Fasan auf, Wildschwein und Hase werden gebraten, alles in großen Portionen und deftig und zu wohltuend gemäßigten Preisen. Die Zubereitungen sind schlicht und weit von der elaborierten Artistik der Feinschmecker-Restaurants entfernt – Hausmannskost, auf eine sympathische Weise in einem schönen Ambiente an den zufriedenen Gast gebracht. Die Weinkarte ist ordentlich; zum Namen des Bistros steht sie in keiner Beziehung.

Das Aux Crus de Bourgogne liegt in einer typischen Pariser Marktstraße.

Languste mit Mayonnaise gehört zu den Delikatessen.

Die Familie Bouvier bewirtschaftet das Bistro seit den dreißiger Jahren.

REZEPTE AUS DEM
AUX CRUS DE BOURGOGNE

Langouste mayonnaise

Languste mit Mayonnaise

Langusten

(pro Person

1 Languste)

2 l Wasser

1 TL Cayennepfeffer

2 l Wasser in einem Wasserbad zum Kochen bringen. 1 große Prise grobes Meersalz und 1 TL Cayennepfeffer hinzufügen. Die Langusten in das Wasser tauchen. Sobald das Wasser erneut zu kochen anfängt, 10 Minuten Kochzeit für Langusten von 250 g rechnen. Aus dem Wasser nehmen. Die Langusten warm oder

kalt nach Wunsch mit der Mayonnaise garniert servieren. Aus »Humanitätsgründen« abwarten, bis das Wasser kräftig kocht, bevor Sie die lebenden Langusten hineintauchen. Vermeiden Sie, sie unnötig zu quälen.

MAYONNAISE

Das Eigelb, den Senf und einige Tropfen Essig in eine Schüssel geben. Vermischen, 1 Minute ruhen lassen. Das Öl in einem dünnen Strahl unter ständigem Rühren mit einem Holzspachtel in die Schüssel geben. Sobald eine glatte Emulsion entsteht, das restliche Öl hinzufügen. Wenn die Sauce zu dick ist, ½ EL Essig (in dem das Salz aufgelöst wird) hinzufügen.

2 TL Senf

2 EL Essig

½ l Öl

1 Ei

Salz, weißer Pfeffer

Es ist unerläßlich, daß Ei, Senf und Öl jeweils die gleiche Temperatur haben, damit die Emulsion leichter herzustellen ist.

Raie sauce hollandaise

Rochen mit Holländischer Sauce

HOLLÄNDISCHE SAUCE

3 kg Rochen

GEMÜSEBRÜHE

75 g Zwiebeln

50 g Karotten

**½ l trockener Weiß-
wein**

Thymian

Lorbeerblätter

Pfefferkörner

**HOLLÄNDISCHE
SAUCE**

3 Eier

1 Zitrone

250 g Butter

2 EL Cidreessig

Salz, Pfeffer

**FÜR DIE
GARNITUR**

1,5 kg Kartoffeln

Die Eigelbe, Cidreessig, Salz und Pfeffer in einer Kasserolle mit rundem Boden vermischen. Die Kasserolle in
heißes, nicht kochendes Wasser tauchen. Die Butter in
Flöckchen unter ständigem Rühren hinzufügen, bis die
Sauce die Konsistenz einer Mayonnaise hat. Nach und
nach den Zitronensaft hinzufügen und die Sauce probieren, um mit den Gewürzen abzuschmecken.

GARNITUR VON FRISCHEN TEIGWAREN

Kaltes Wasser in einer Kasserolle zum Kochen bringen.
Salzen und die Nudeln 10 Minuten kochen lassen. Die
Crème fraîche in einer Schmorpfanne bei leichter Hitze
erwärmen. Wenn sie flüssig geworden ist, die Nudeln hinzufügen. Mit Salz und Pfeffer abschmecken. Sehr heiß
servieren.

DIE ZUBEREITUNG DES ROCHENS

Eine Gemüsebrühe herstellen, d.h. die Zwiebeln und die
Karotten fein schneiden. In eine Schmorpfanne geben.
Thymian, Lorbeerblätter, Pfefferkörner, ½ l trockenen
Weißwein und Wasser bis zu zwei Drittel der Höhe der
Schmorpfanne füllen. Zum Kochen bringen.

DER ROCHEN

Den Rochen ausnehmen, waschen und 4–5mal mit Wasser abspülen, um die klebrige Haut zu entfernen. Den
Rochen zu einem Dreieck schneiden. 10–15 Minuten in
der Gemüsebrühe pochieren. Herausnehmen und die

ZUM VERZIEREN

**2 EL gehackte
Petersilie**

**ALTERNATIVE
GARNITUR**

**500 g frische Teig-
waren**

**½ Glas Crème
fraîche**

schwarz-weiße Haut entfernen. Auf einen Teller legen, mit der Sauce bedecken und mit den hausgemachten Nudeln oder Dampfkartoffeln servieren. Die Sauce mit gehackter Petersilie bestreuen. Sehr heiß servieren.

TIP

Der Rochen ist ein sehr empfindlicher Fisch. Er muß sehr frisch gekauft werden, d. h. sehr klebrig. Niemals einen Rochen mit einer trockenen, sauberen Haut kaufen. Der beste Weg bleibt immer, am Fisch zu riechen und ihn beim geringsten Geruch von Ammoniak abzulehnen.

Coq au Brouilly et aux cèpes
Huhn mit Rotwein und Steinpilzen

Das Huhn in 8 Teile zerlegen. In 5 cl Öl und 50 g Butter anbraten. Wenn die Geflügelstücke goldgelb sind, aus der Pfanne nehmen und auf einen Teller geben. Das Fett aus der Pfanne weggießen. Die Pfanne erneut auf die Kochstelle geben und bei starker Hitze das kleingeschnittene Gemüse hinzufügen. Wenn das Gemüse beginnt, Farbe anzunehmen, die Geflügelstücke in die Pfanne geben und 8–10 Minuten braten. Mit dem Mehl bestreuen und 5 Minuten weiterbraten. Mit 1 l Brouilly aufgießen. ½ Glas Senf mit ¼ l Weißwein vermischen. In die Pfanne geben. Mit Meersalz, Pfefferkörnern, Thymian und Lorbeerblättern würzen. Wasser hinzufügen, bis die Geflügelstücke bedeckt sind. 5 Minuten kochen lassen, dann etwa 20 Minuten ohne Deckel in den Backofen schieben. Der Backofen soll sehr heiß sein.

1 Hahn (3 kg)

100 g Zwiebeln

100 g Karotten

5 cl Öl

50 g Butter

SAUCE

1 l Rotwein

(Brouilly)

¼ l Weißwein

½ Glas starker Senf

100 g Mehl

Wasser

1 dl Crème fraîche

Sehr häufig mit einem Holzspachtel umrühren.

Unmittelbar vor dem Auftragen 1 dl Crème fraîche hinzufügen. Mit Salz und Pfeffer abschmecken.

Als Beilage zu diesem Gericht werden Dampfkartoffeln und ein Frikassee von Steinpilzen serviert.

FRIKASSEE VON STEINPILZEN

GARNITUR
200 g Steinpilze
200 g Zwiebeln
20 g Butter

ZUM SERVIEREN
2 EL gehackte
Petersilie

GEWÜRZE
Thymian
Lorbeerblätter
Pfefferkörner
grobes Meersalz
Salz, Pfeffer

200 g Zwiebeln schneiden. In einem Schmortopf mit 20 g Butter glasig dünsten. Die in Stücke geschnittenen Steinpilze hinzufügen. Nach 10 Minuten Kochzeit 2 dl von der Sauce für das Huhn hinzufügen. Mit Salz und Pfeffer abschmecken.

Unmittelbar vor dem Auftragen 2 EL gehackte Petersilie hinzufügen.

Das Gericht sehr heiß servieren.

TIP

Es ist ideal, wenn die Geflügelstücke 2–3 Tage im untersten Fach des Kühlschranks marinieren, bevor das Gericht zubereitet wird.

Für die Marinade Brouilly mit einigen EL Öl, Zwiebeln, Petersilie und Lorbeerblättern vermischen. Eine Marinade darf niemals gesalzen werden.

AUX LYONNAIS

Küche	Ambiente
★★	★★★★

32, rue
Saint-Marc (2e)
Tel. 42.96.65.04
Métro:
Richelieu-Drouot
Geschlossen:
Sonntag
Ganzjährig
geöffnet

Mitten im Börsenviertel und schon deshalb ein lohnendes Ziel: das Aux Lyonnais.

Der Name dieses Bistros ist, natürlich, auch ein Programm. Hier wird seit Jahrzehnten die Küche des Lyonnais praktiziert, also warme Würste im Salat, Hechtklöße, Huhn mit Morcheln, Innereien vom Schwein und ähnliche Deftigkeiten, die dem Bistro-Kenner in Paris ja nicht unbekannt sind. Insofern ist Aux Lyonnais nicht einmal ungewöhnlich, und da auch die Fähigkeiten der Küche nicht über dem Durchschnitt liegen (aber auch nicht darunter!), ist es wieder einmal das Dekor und das Ambiente, welche es zum lohnenden Ziel machen. Da ist zunächst einmal die Umgebung, das Börsenviertel, welches hier keineswegs so nüchtern ist wie in New York und nicht so steif wie in London. Unzählige kleine Restaurants bezeugen, daß auch das Handeln mit Wertpapieren hungrig macht. Die Opera comique ist um die Ecke, und bis zur Passage des Panoramas sind es nur wenige Schritte. Diese überdachte Gasse mit ihren Querstäßchen ist allein schon den Ausflug wert. Hier läßt sich der feine Herr im ehrwürdigen Druckhaus Stern die stahlgestochenen Visitenkarten drucken, hier kann der

Spaziergänger im verschnörkelten Café L'Arbre à Canelle zehn verschiedene Gemüsetorten probieren. Doch den Hunger sollte er sich fürs Aux Lyonnais aufheben; denn die Portionen dort sind groß. Das Lokal besteht aus zwei hintereinander liegenden Räumen, die bis zur Brusthöhe gekachelt (schöne Jugendstilrosen) und mit den unvermeidlichen Spiegeln und lackierten Stukkaturen ausgeschmückt sind. Am Eingang hängt eine kleine Postkartensammlung aus der Zeit, als die Kartenschreiber die Briefmarken noch auf die Bildseite klebten. Eine Treppe führt nach oben, wo ein dritter, kleinerer Raum für Gäste zur Verfügung steht. Ich sitze lieber unten und bedaure, daß viele Spiegel mit modernen Bildern zugehängt sind,

Bunte Kacheln an den Wänden, Spiegel und lackierte Stukkaturen schaffen eine eigene Atmosphäre – und die Küche stimmt auch.

weil Monsieur Vallée, der Patron, der früher bei Lipp gekocht hat, das »wärmer« findet. An Lipp erinnert auch die Speisekarte, sowohl was das Format angeht als auch ihre Beständigkeit und, nicht zuletzt, die wirklich bescheidenen Preise. Die Tische sind mit weißem Leinen gedeckt, zum erstklassigen Brot wird ein großzügiges

Dekor und Ambiente zeichnen das Aux Lyonnais aus.

Stück Butter serviert, und überhaupt haben die in der Nachbarschaft tätigen Herren nicht die schlechteste Wahl getroffen, wenn sie Aux Lyonnais zu ihrem Stamm-Bistro gemacht haben. Die warmen Wurstscheiben auf ebenfalls warmem Kartoffelsalat, der Hühnerleber-

salat, das Ei in Rotwein – es ist alles vorzüglich, und sogar die quenelles de brochet (Hechtklößchen), klassisch zubereitet, haben keine der Eigenschaften, die die Klassik in der Küche so

*Küche und Wein-
karte lassen im
Aux Lyonnais keine
Wünsche offen.*

in Mißkredit bringen. Butterzart das Kaninchen mit Schalotten und sättigend für zwei das gekochte Rindfleisch in der Brühe (bœuf gros sel), welches, wie auch schon mal eine gebratene Entenstopfleber, als Tagesgericht auftaucht. Zur leckeren tarte tatin (gestürzter Apfelkuchen) wird ein großer Topf Crème fraîche auf den Tisch gestellt. Die Weinkarte läßt keine Wünsche offen, solange man nicht etwas anderes trinken möchte als Beaujolais.

REZEPTE AUS DEM LYONNAIS

Gras double à la lyonnaise

Pansen auf Lyonnaiser Art

Die Küche des Lyonnais machte der Küchenchef zum Programm.

Den schön weißen Pansen in feine lange Streifen schneiden. 1 Stunde in kochendem gesalzenen Wasser pochieren. Abtropfen lassen und abspülen. In einem Tuch aufhängen, damit der Pansen langsam unter leichtem Druck abtropft.

Eine Pfanne mit schwerem Boden mit ½ cm Erdnußöl erhitzen. Jeweils 1 Handvoll Pansen mit 1 Handvoll feingehackten Zwiebeln in die Pfanne geben. Kurz anbraten und weiterbraten lassen. 1 nußgroßes Stück Butter, 2 Löffel Senf, Salz und Pfeffer hinzufügen. Erhitzen. Mit einem trockenen Weißwein aufgießen. 5 Minuten weiterschmoren lassen. Auf einer vorgewärmten Platte mit Petersilie anrichten.

Quenelle de brochet

Hechtklößchen

Den Hecht entgräten. 24 Stunden in Salz einlegen (40 g Salz pro Kilo). Durch die feine Scheibe des Fleischwolfs drehen. Die Panade zubereiten. Mit Hilfe des Mixers die Eier, das Hechtfleisch und die Butter hinzufügen. Mit Salz, weißem Pfeffer und Muskat würzen. An einem kühlen Ort erkalten lassen. Mit Hilfe eines Schaumlöffels 10 Minuten in knapp kochendem Wasser pochieren. Auf einem Tuch abtropfen lassen. Auf einer feuerfesten Platte

¼ Hecht

¼ Panade

¼ Ei

¼ Butter

Salz, weißer Pfeffer

Muskat

anrichten. Mit Fischweißweinsauce (sauce suprême de
poisson) bedecken. 5 Minuten im Backofen überbacken.
Sehr heiß servieren.

CHEZ GEORGES

Küche	Ambiente
★ ★	★ ★ ★

1, rue du Mail (2e)
Tel. 42.60.07.11
Métro: Palais Royal
Geschlossen:
Sonntag, Feiertage,
August

Bemalte Stuck-
wände, große Spiegel,
handgeschriebene
Speisekarte: das Chez
Georges hat Stil.

Wenn es eine Normalität der Bistro-Kultur gibt, hier ist sie. Ein schmales, kleines Restaurant, wo die Gäste an den Wänden entlang sitzen, wie es sich gehört. Bemalte Stuckwände, Spiegel, eine auch abends ausreichende Beleuchtung, weiße Leinentischwäsche, eine handge-schriebene Speisekarte, freundliche und unermüdliche Serviererinnen, am Eingang die übliche Theke, und der Patron sieht nach dem Rechten. Kein störendes Detail

Die Gäste sitzen an
der Wand entlang.

(abgesehen von der Decke, die irgendwann zugunsten moderner Installationen verschandelt wurde), keine mo-

dernistischen Einflüsse. Die Gäste kommen nicht ausschließlich aus der Nachbarschaft; für ein Essen bei Chez Georges nehmen sie eine Stadt-durchquerung in Kauf sowie die ver-langten Preise, welche nicht gerade als teuer zu bezeichnen sind, aber dennoch über dem üblichen Bistro-Niveau liegen. Und sie kommen wegen der Weinkarte. Was hier an Burgundern, bis zu den Wei-nen der Domaine de Romanée Conti und an Bordeaux einschließlich der Premier Grands Crus zu verführerisch günstigen Preisen angeboten wird, ist für ein Kleinrestaurant höchst ungewöhnlich. Natürlich gibt es auch Beaujolais im Krug und viele flüssige Tagesangebote, die man nicht unterschätzen sollte; der Patron kennt sich aus. Bei den Vorspeisen ist bemerkenswert, daß sie in großen Schüsseln zur freien Bedienung aufgetischt werden (Hering sauer mit Crème fraîche; Hering gesalzen mit Kartoffelsalat; Ochsenmaulsalat; Champignons à la grecque). Auf subtile Würzung wird dabei weniger Wert gelegt. Doch die hausgemachte foie gras d'oie ist ein Meisterstück von großer Schönheit, sauber pariert und fein aromatisiert. Die Burgunderschnecken duften nach Knoblauch; Brot (erstklassig) und Butter stehen selbstverständlich auf dem Tisch. Die Fischgerichte sind nach Bistro-Standard Delikatessen. Die coquilles Saint-Jacques, diese empfindlichen Muscheln sind comme il faut; die Seezunge in der dicken Crèmesauce erinnert aufs Schönste an die elsässische Küche (die hier jedoch nicht praktiziert wird) und ist ein wahrer Leckerbissen. Hausspezialitäten sind seit vielen Jahren die gebratene Kalbsniere und der pavé du mail, ein klassisches Rinder-

Chez Georges ist vor allem wegen seiner erlesenen Weine zu erstaunlich günstigen Preisen bekannt.

Freundliche und unermüdliche Bedienungen sorgen für ausgezeichneten Service.

filet. Die Desserts sind mit großer Sorgfalt gefertigt für eine Klientel, die hier bei Chez Georges ein wenig mehr erwartet als in den zahlreichen Bistros der Nachbarschaft. Die Möglichkeit, wenige Schritte von diesem Bistro entfernt die Boutiquen der jungen japanischen Mode zu besuchen, sich über Modeschmuck, Accessoires aus Leder und was es sonst an schmückendem Krimskrams für die modebewußte junge Dame gibt, in den vielen Spezialgeschäften am und neben der Place des Victoires zu informieren, machen einen Besuch in diesem bunten Viertel durch die Existenz von Chez Georges besonders lohnend.

Nous avons le plaisir
de vous recevoir
tous les jours
de 12 h. à 14 h. 30
et de 19 h. à 23 h. 30

chez georges
restaurateur
273, boulevard péreire paris 17

Ne nous en veuillez pas s'il
manque un plat à notre carte
en cours de service
c'est pour votre satisfaction
sur la qualité.

PRIX SERVICE COMPRIS (15 %)

DE PÈRE EN FILS DEPUIS 1926

Quelques jolis vins

Huitres fines de Charente { Spéciales Papillons les 6 : 46 les 12 : 92
{ Claires n° 2   les 6 : 60 les 12 : 120

blancs

Nos
Hors d'Œuvre
chauds et froids

Salade verte   29   Œufs pochés en Meurette (vin rouge) 45
aux fines herbes
Cheverny   1986 B^{lle} 56
(Claude Loquineau)
Escargots Bourgogne la dz 74   Soupe au chou   37
au bleu d'auvergne
Pied de Veau vinaigrette 35   Saucisson chaud 45
pistache à la Lyonnaise
Quincy   1986 B^{lle} 78
(Pierre Mardon)   ½ 45
Tête de Veau sauce gribiche 85

Montagny   1983 B^{lle} 73

Les Terrines
sont faites
à la Maison

Salade de Museau de Bœuf 37   Harengs marinés 46
pommes chaudes
Jambon de Parme   83   Baltiques à la crème 48
Pouilly fumé 1985 B^{lle} 119
1986 ½ 65
Les deux Andouilles 37   Fromage de tête (maison) 33
Guemené & Vire
Sancerre   1985 B^{lle} 115
½ 64
Foie Gras de Canard frais Maison 104   en ½ part 63
Terrine de Foies de Volaille au Poivre vert   57
Terrine de Lapereau au Genièvre   57
Terrine de Saumon et de Raie au coulis de tomates 67

rouges

Salades
de la saison

Salade de Crevettes décortiquées au vinaigre framboise 69
Emincé de Haddock sur chiffonnade de salade   59
Salade de Chicorée frisée aux lardons   48
Cahors (Boulouniè) 1985 B^{lle} 81
½ 44
Salade de Boudin blanc au Porto   69

Poissons
selon arrivage
du marché

Saumon Cru mariné à l'Aneth   99
Crozes Hermitage 1985 B^{lle} 88
(P. Jaboulet)   ½ 46
Coquilles St Jacques à l'effilochée d'endives 109
Château de Passavant B^{lle} 87
Anjou   1985
Escalope de Saumon frais à l'oseille   110
Joues de Raie aux câpres   90
Domaine Petit Gravas B^{lle} —
Bordeaux 1983   ½ 42

Brouilly 1986   B^{lle} 109
½ 62

Plats du jour
et
nos classiques

Rognon de Veau à la Berrichonne   90
pommes rissolées, petits lardons, champignons
Château Haut Bergey B^{lle} 120
Graves 1979
Le Gigot rôti aux flageolets fins   101
Château la Roseraie du M.^t B^{lle} 120
Puisseguin St Emilion 1979
Le Petit Salé au chou   89
Sancerre Rouge B^{lle} 125
A. Mellot   ½ 71
Le Train de Côtes de Bœuf   109
gratin dauphinois

rosés

Fromages
Desserts

Spécialité de Brie de Meaux   35
et quelques crottins fermiers
Château d'Arlay B^{lle} 103
Côtes du Jura   ½ 61
Tarte aux pommes à la façon des demoiselles Tatin 44
Crème brûlée à l'orange   43
Ananas frais   39
Truffier au chocolat   45
Charlotte aux marrons   46

Sorbet cassis à la crème de cassis de Nuits St Georges 39
Œufs à la neige   34
Glace café sauce caramel   33
Café pur arabica   13
Eclair géant café ou chocolat   47
Assortiment de Sorbets   34
Fondant au chocolat   43

CARTE DES VINS AU VERSO   TOUS MES PLATS DU JOUR SONT TRANCHÉS ET SERVIS DEVANT LES CLIENTS

REZEPTE AUS DEM CHEZ GEORGES

Sole au Pouilly

Seezunge mit Weißweinsauce

1 Seezunge (300 g)
50 g Butter
2 gehackte
Schalotten
1 TL gehackte
Petersilie

Die Schalotten glasig braten. Die Seezunge, Sahne, Salz, Pfeffer und Weißwein hinzufügen. Auf jeder Seite 5 Minuten braten. Für 3 Minuten bei niedriger Hitzezufuhr in den Backofen schieben. Die Sauce mit der Petersilie einkochen lassen und auftragen.

1 Prise Salz
1 Prise Pfeffer
1 Glas Weißwein
(Pouilly Fumé)
2 EL Sahne

Pavé du mail

Rinderfilet mit Senf und Sahne

1 Mittelstück vom
Rinderfilet
40 g Butter
Salz, Pfeffer

Das Filet salzen, pfeffern und braten. Mit dem Cognac flambieren. Das Filet aus der Pfanne nehmen, die Sahne und den Senf in die Pfanne geben, vermischen, einkochen lassen und vor dem Auftragen das Filet noch einmal 30 Sekunden in die Pfanne geben.

1 EL Senf
3 EL Sahne
1 EL Cognac

GALLOPIN

Küche	Ambiente
★	★ ★ ★ ★

**40, rue Notre-
Dame-des-
Victoires (2e)
Tel. 42.36.45.38
Métro: Bourse
oder Louvre
Geschlossen:
Samstag
und Sonntag,
August**

Jedes Detail der Einrichtung ist authentisch und wird mit bewundernswerter Sorgfalt gepflegt.

Es ist sicherlich nicht übertrieben, die sublime Schönheit dieses Bistros mit der luxuriösen Eleganz des »Grand Vefour« zu vergleichen. Das Gallopin wurde 1876 gebaut und war damals wahrscheinlich alles andere als ein Billigrestaurant. Die feinen Holztäfelungen, die schönen Fliesen auf dem Boden, der üppige Stuck an den Decken, die herrlichen Glasfenster und die Glasdecke im hinteren Raum – eine Art Wintergarten –, deren Ornamente und Farben an den Prunk der vergangenen Monarchie erinnern und gleichzeitig den heraufkommenden Jugendstil ahnen lassen; Lampenschirme wie gläserne Spitzendeckchen, blitzende Messingstangen an allen Wänden, Spiegel, der Aufbau hinter der langen Theke mit der traditionellen Fußstütze – jedes Detail ist authentisch und von den Besitzern mit bewundernswürdiger Sorgfalt gepflegt und erhalten. Man sitzt in drei ineinander verschachtelten Räumen, und stünden die Tische nicht so eng beieinander, könnte man das Ganze für einen vornehmen Herrenclub halten. Doch das Gallopin ist eher eine Kantine für Börsenmakler; denn es liegt direkt neben der Börse.

Wer hier mittags einen Platz finden will, muß vorbestellen. Jeder Stuhl ist dann besetzt, und es herrscht eine Atmosphäre, die im Börsenjargon als »stürmisch« bezeichnet werden kann. (Abends ist es ruhiger.) Die fixen Kellner in ihren schwarzen Westen und den knöchellangen weißen Schürzen leisten Schwerarbeit und

Seit 1876: luxuriöse
Eleganz im Gallopin.

sind dennoch gut gelaunt. Die Speisekarte unterscheidet sich kaum von der anderer Bistros. Da sind all die typischen Vor- und Hauptgerichte zu Niedrigpreisen: die Schnekken mit und ohne Knoblauch, pochiertes Ei in Rotwein, Salat von grünen Bohnen, Heringsfilet in Sahne, kalte und warme Würste, Entenstopfleber (mit einem Glas Sauternes), die Seezunge, die man auf Wunsch auch gut durchgebraten haben kann, Lammkoteletts, Lachsschnitzel, Entenbrust und, natürlich, das Pfeffersteak mit vielen Pommes frites sowie alle Innereien, Schweinsfuß und Tartar. Freitags steht eine brandade de morue (Stockfischpaste) auf der Karte, die hier ziemlich mager ausfällt. Die Desserts sind ebenfalls klassisch und werden in großen Portionen verabreicht; die Weinkarte ist zufriedenstellend. Es wäre zuviel des Glücks, würde die Küche ebenso großes Entzücken auslösen wie das schöne Ambiente. Sie bewegt sich auf dem allgemeinen Niveau der vielen anderen Bistroküchen. Den Genuß haben im Gallopin das Auge und die Phantasie. Über hundert Jahre Gastronomie in einem unvergleichlich schönen Rahmen – wieviel Geschichte und wie viele Geschichten hat dieses Restaurant erlebt?

Den Genuß haben
im Gallopin das Auge
und die Fantasie.

TÉL. 42-36-45-38
42-73
69-31

Gallopin
Stock Exchange Luncheon Bar
40, Rue N.D. des Victoires
Paris

Salade Folle au Foie Gras	64	Terrine de Canard Maison	35
Terrine aux deux Poissons	37	Harengs de Baltique à la Crème	33
Soupe de Poissons	42	Cocktail de Pamplemousse aux Crabes	55
Oeuf en Gelée	25	Emincé de Gésiers de Canard Confits	48
LaCassolette d'Escargots	48	Jambon de Pays	58
Escargots de Bourgogne	60	Mousse de Tourteaux	46
Escargots au Roquefort	69	Saucisson Chaud Pommes à l'Huile	35
Oeufs en Meurette	38	Salade Frisée aux Lardons	35
Salade de Haricots verts frais à l'Huile de Noisette			42
Melon Glacé 55 Au Parme 80		Asperges à la Vinaigrette	52

MENU A 140 I.T.C.

Oeufs Cocotte à la Crème
Quenelles de Brochet
au coulis d'Ecrevisses

Terrine Maison
Escargots de Bourgogne

Confit de Canard Pommes
Côtes d'Agneau Grillées
Faux Filet Bercy
Sole Meunière

Plateau de Fromages

ou

Dessert au Choix

1/2 Blle Côtes du Rhone
ou Tavel

LE FOIE GRAS DE CANARD	78
et son verre de Sauterne	32
Saumon Fumé	90
Sole Meunière 95 à la Crème	98
Fricassée de Gambas aux Pâtes	95
Saumon frais mariné au citron Vert	86
Escalope de Saumon à l'Oseille	88
Filet de Boeuf Flambé au Poivre	100
Onglet Poelé aux Echalotes	75
Magret de Canard aux Pruneaux	86
Foie de Veau au Poivre vert	90
Rognons de Veau à la crème	113
Andouillette de Troyes	60
Pied de Cochon grillé	60
Coq au Brouilly	80
Pièce de Boeuf grillée (pour deux)	165
Carré d'Agneau au four (pour deux)	178
Plateau de Fromage	33
Fromage Blanc à la Crème	29

DESSERTS

Crème Caramel	26	Tarte aux Pommes	28	Coup e de Sorbets	32
Ile Flottante	35	Tarte aux Citrons	28	Cassis à la Nage	35
Ananas Frais	32	Tarte Normande Chaude	28	Citron Vert Vodka	35
Charlotte aux Poires	35	Gâteau au Chocolat	32	Marquise au Chocolat	35
Pêches de Vigne au vin de Cahors		32	Mousse de Framboises et son Coulis		35
Vacherin Glacé au coulis de Framboises		35	Saladier de Mousse au Chocolat		35
Profiterolles au Chocolat		37	Sorbet à l'Eau de Vie de Poires		35

En Conformité avec la Nouvelle réglementation nos Prix indiqués Service 15%
Compris ;

92 ✳

REZEPTE AUS DEM GALLOPIN

Terrine de tourteau

Pastete von Taschenkrebsen mit zwei Saucen

Die Merlanfilets in kleine Stücke schneiden und mit dem Krebsfleisch in den Mixer geben (die Krebsscheren aufheben).

Den Mixer kurz laufen lassen. Die Eiweiße und dreiviertel der Crème fraîche, Salz und Pfeffer hinzufügen. Zu einer glatten Creme verarbeiten und in einer Schüssel auf Eis kalt stellen.

Die Gelatine in kaltem Wasser einweichen. Die restliche Crème fraîche etwas erhitzen und die Gelatine darin unter Rühren auflösen. Mit der Fischcreme vermischen.

Die Pastetenförmchen sowie die Deckel mit Butter ausfetten. Etwas Fischcreme darauf verteilen. Die Krebsscheren daraufflegen und so weiter. Diese Aufteilung dient dazu, daß die Pastete beim Schneiden appetitlich aussieht.

Im Wasserbad backen. Backofentemperatur 120° – 1 Stunde 30 Minuten.

Die Pasteten erkalten lassen. 12 Stunden in den Kühlschrank stellen. Mit zwei Saucen servieren:

1) Mit Mayonnaise, die mit etwas Ketchup gefärbt ist.

2) Mit Crème fraîche, die nicht zu stark gewürzt und mit Schnittlauch parfümiert ist.

FÜR

10 PERSONEN

500 g Merlanfilets

(Weißfisch)

300 g Krebsfleisch

(frisch oder tiefgekühlt, die Scheren

aufheben)

12 Eiweiße

40 cl Crème fraîche

8 Blatt Gelatine

Salz

feiner weißer

Pfeffer

Pêches au vin de Cahors

Pfirsiche in Cahors

FÜR

12 PERSONEN

2 Flaschen Cahors

300 g Zucker

3 Zitronen

3 Apfelsinen

2 Flaschen Cahors mit 300 g Zucker zum Kochen bringen. Wenn der Wein kocht, 3 Zitronen und 3 Orangen hinzufügen (die Schale streifenartig schälen und die Früchte in Scheiben schneiden). 15 Minuten bei leichter Hitze ziehen lassen. Danach die abgezogenen, in einem Zuckersirup pochierten Pfirsiche in den Wein geben.

Erkalten lassen und in den Kühlschrank stellen. Die Pfirsiche nicht sofort auftragen, sondern mindestens 12 Stunden marinieren lassen. Kalt servieren.

3 kg weiße Pirsiche (am besten Weinbergpfirsiche) oder 24 weiße Pfirsiche aus der Dose (ganz, mit Kern)

L'AMI LOUIS

Küche	Ambiente
★★★★	★

32, rue du
Vertbois (3e)
Tel. 48.87.77.48
Métro: Temple
Geschlossen:
Montag
und Dienstag,
1. Juli bis
30. August

L'Ami Louis:
fast schon ein Mythos
und Treffpunkt
der internationalen
Feinschmecker-
Schickeria.

In diesem nicht gerade attraktiven Stadtteil in der Nähe der Porte Saint-Martin, und schon gar in dieser ziemlich tristen Straße, würde man nicht so leicht eine der größten Attraktionen der Pariser Bistroszene vermuten. Das L'Ami Louis ist mehr als eine Attraktion, es ist ein Mythos. Fast sechzig Jahre hat dort Antoine Magnin gekocht, bis er Ende 1987 sechsundachtzigjährig starb. Durch seinen unerschütterlichen Glauben an die Qualität der Produkte und die Simplizität der Zubereitung hat er es fertiggebracht, sein Bistro zum Treffpunkt der internationalen Feinschmecker-Schickeria zu machen. Er hat eine der ältesten und finstersten Kneipen in eine Goldgrube verwandelt, wo sich die Stars des Showbiz, die Etablierten der Literatur und die Fahrer von Achtzylindern um die wenigen Plätze drängen. Er konnte sich erlauben, doppelt so teuer zu sein wie die Konkurrenz. Das alles ist nach meiner Erfahrung so geblieben, verändert hat sich in der Nach-Magnin-Epoche nichts. Also sieht das kleine und schmale Lokal immer noch so aus, als wäre hier gerade eine Szene für Victor Hugos »Les Misérables« gedreht

worden. Das heißt, immer noch blättern die vielen dun-
kelbraunen Farbschichten von den Wänden, immer
noch besteht der Fußboden aus schönen alten Fliesen an
den Seiten, während die abgetretene Mitte durch Zement
mehr schlecht als recht geflickt ist. Immer noch wärmt
im Winter ein alter Ofen den Raum durch sein langes
Ofenrohr und verbreitet auch schon mal giftige Kohlen-
monoxydschwaden. Immer noch ist der Abstieg zur pri-
mitiven Toilette ein abenteuerliches Unterfangen, und

*Eine der ältesten und
finstersten Kneipen
von Paris wurde zur
Goldgrube.*

immer noch weiß man nicht: soll man über die Snobs
den Kopf schütteln, die hier so viel bezahlen müssen wie
in einem lupenreinen Gourmettempel, oder soll man
anerkennen, daß der hier praktizierte Kochstil und die
dahinter stehende Ideologie jeden Preis wert sind? Dieser
Stil ist denkbar einfach und von großer Überzeugungs-
kraft: Man nehme vom Fleisch das beste Stück und brate
es in feinster Butter. Ob dieses Fleisch nun eine Taube ist,
ein Lammrücken, ein Ochsenkotelett; ob Nieren, Jakobsmuscheln, Froschschenkel – es gibt praktisch nur diese
eine Methode. Das Resultat ist in der Tat verführerisch,

Die Prominenz fühlt sich wohl – auch wenn das Ambiente eher einer Piratenkneipe entspricht.

besonders für die Stammgäste, welche zweifellos alle guten Feinschmeckerrestaurants kennen. Hier sind sie unbelästigt von den Aufmerksamkeit heischenden Kreationen der Kochkünstler, hier werden keine komplizierten Saucen erfunden, keine effektvollen Arrangements auf die Teller gezaubert; hier wird die einfachste Küche auf die beste aller Arten praktiziert. Und zwar auf einem altmodischen Kohleherd (der mit Holz geheizt wird). Die Speisen werden in ihren glühend heißen Pfannen und Töpfen an den Tisch gebracht. Ohne Zweifel eine große Rarität, das L'Ami Louis. Vielleicht hätte mancher Gast, der die schmalen Tische und die harten Bistrostühle klaglos in Kauf nimmt, nichts gegen eine bessere Brotsorte einzuwenden und würde – bei den verlangten Preisen – zum Kaffee gern einige Pralinen naschen. Doch da das offenbar nie laut gesagt wird, und da vielleicht derartige Wünsche in diesem Schmuddelschuppen erst gar nicht aufkommen, bleibt, wie gesagt, alles beim Alten. Wer weiß, ob das nicht tatsächlich die beste Lösung ist.

Schmale Tische und harte Stühle, aber einfache Küche von allerfeinster Qualität

A L'IMPASSE
(CHEZ ROBERT)

Küche	Ambiente
★ ★ ★	★ ★

4, impasse
Guémenée (4e)
Tel. 42.72.08.45
Métro: Bastille
Geschlossen:
Samstag mittag
und Sonntag,
Montag abend
August

*A l'Impasse – ein wi\
ziger Familienbetrie\
unweit der Place de\
la Bastille.*

Schöne Bistros sind selten, Bistros mit durchgehend guter Küche sind selten, doch am seltensten sind die kochenden Mütter in den intimen Kleinbetrieben. Wenn die dann auch noch gut kochen: welches Glück für den Gast! Madame Collard ist eine dieser seltenen Damen, und man möchte sie nicht nur wegen ihrer offenen und herzlichen Art umarmen. Auch in der Küche leistet sie Bewundernswürdiges! Ihr gefüllter Wirsing ist eine Delikatesse, wie sie sonst nur in guten Privatküchen

Madame Collard – eine liebenswerte und gute Köchin.

zu finden ist (aber dies ist ja eine Privatküche), ihr pochiertes Ei mit Roquefort eine nicht alltägliche Vorspeise. Das Olivenöl, das sie für einige Salate benutzt, sowie für die omelette arlequin (eine kalte Terrine aus Eiern, Tomaten, Käse und Spinat, welche manchmal leider direkt aus dem Eisschrank kommt), ist von überwältigender Fruchtigkeit. Die Stammgäste lieben auch ihre tripes à la quercynoise, also Kutteln, und im Winter die gras double, beides Innereien von der Art, wie sie der Bistro-Besucher erwartet und schätzt. Die Terrinen sind gut abgeschmeckt und von den üblichen Grundrezepten weit entfernt. (Im Gegensatz zum blanquette de veau, einem Kalbsfrikassee, das hier auf urtraditionelle Art einschließlich der Mehlsauce zubereitet wird.)

Die Desserts sind allemal kräftig und dennoch verführerisch lecker. Daß für letztere der Sohn Robert verantwortlich ist, der die Gäste zuvorkommend bedient, ist ein weiterer Aspekt dieses winzigen Familienbetriebs, der ihn sympathisch macht. Die kleine Sackgasse, nach der das Bistro benannt ist, liegt nur wenige Schritte von der Place de la Bastille entfernt, also im Zentrum des Neuen Chics. Fotografen, Designer, Kreativisten jeglicher Art sowie Showbiz-Typen bilden denn auch das Stammpublikum, welches mittags von jüngeren Beamten durchsetzt ist. Der Eßraum ist kaum größer als eine Garage, aber die Deckenbalken sind sorgfältig restauriert, und an einer Längswand sind die alten Sandsteine freigelegt worden. Anstelle nostalgischen Trödels bilden hier eine antike Standuhr und ein alter Spiegel den einzigen Blickfang, und da auch die Tischdecken und Servietten aus weißem Leinen sind und die Beleuchtung raffiniert installiert wurde, besitzt das Bistro trotz seiner familiären Struktur eine gewisse Eleganz. Um so wohltuender sind die bescheidenen Preise.

Fotografen, Designer und andere Kreative gehören zu den Stammgästen.

REZEPTE AUS DEM A L'IMPASSE

Coquilles à l'effilochée d'endives

Jakobsmuscheln mit Chicoréestreifen

FÜR 4 PERSONEN	Die Jakobsmuscheln am Vortag zubereiten: waschen, auf einem Tuch trocknen und aus der Schale nehmen.	**DIE SAUCE MIT CHICORÉE-STREIFEN**
Jakobsmuscheln		
ohne Schale	Für die Sauce mit Chicoréestreifen die Butter erhitzen	
Salz, Pfeffer	und die Chicorée hinzufügen. 15 Minuten bei leichter	**150 g Chicorée,**
2 große EL Mehl	Hitze braten lassen. Die Sahne hinzufügen und 10 Minu-	**verlesen und**
60 g Butter	ten weiterbraten lassen.	**gewaschen**
GARNITUR	ZUBEREITUNG DER MUSCHELN	**40 g Butter**
einige Sträußchen	Den corail vorsichtig herausnehmen. Salzen, pfeffern	**Salz, Pfeffer**
Kerbel oder Peter-	und mit Mehl bestäuben. Überflüssiges Mehl entfernen.	**1 TL Zucker**
silie	In einer Pfanne 1½ Minuten braten lassen.	**150 g Sahne (so viel**
		Sahne wie Chicorée

St Jacques au Noilly Prat

Jakobsmuscheln in Noilly Prat

Schalotten, ²⁄₃ Weißwein, ¹⁄₃ Noilly.
Die Jakobsmuscheln 5 Minuten in dieser Marinade baden. Die Jakobsmuscheln pochieren. Beiseite stellen. Die Sauce einkochen lassen. Mit Sahne verfeinern. Einkochen lassen, bis die Sauce eine sämige Konsistenz hat. Mit Butter, Salz, weißem Pfeffer und Zitrone abschmekken. Die Jakobsmuscheln mit der Sauce bedecken.

Poisson à la basque

Fischpastete nach baskischer Art

Alle Zutaten mit 3 l Wasser zum Kochen bringen. 40 Minuten kochen lassen.

DIE TOMATEN ZUBEREITEN

Die Tomaten mit etwas Zucker in eine tiefe Pfanne geben und 30 Minuten schmoren lassen. Mit Salz, Pfeffer und Muskat würzen.

DEN FISCH POCHIEREN

FÜR DIE FISCHPASTETE

1,5 kg Tomaten
1 kg Seelachs
7 Eier
125 g Butter
20 g weiße Semmelbrösel

Den Seelachs in die kochende Gemüsebrühe geben und etwa 10 Minuten pochieren lassen. Danach mit einer Gabel in kleine Stückchen zerteilen.

GEMÜSEBRÜHE

2 Karotten
2 Zwiebeln
1 Stange Sellerie
Salz, Pfeffer
6–7 Stengel Petersilie
2 Nelken

DIE BEILAGE ZUBEREITEN

Die Eier verquirlen. Die Butter zu den Tomaten in die Pfanne geben und umrühren, bis sie flüssig wird. Die Eier und danach den Fisch hinzufügen. Gründlich vermischen.

DIE FORM VORBEREITEN UND DIE PASTETE GAREN

Eine Springform mit wenig Butter ausfetten. Boden und Rand mit weißen Semmelbröseln ausstreuen. Überflüssige Semmelbrösel ausschütten. Die Eier-Fisch-Mischung in die Form gießen. Im heißen Backofen (220° – Gas 7) 25 – 30 Minuten backen. Mit sauce tartare servieren.

SAUCE TARTARE

Mayonnaise, Kapern, Cognac, Ketchup, Salz, Pfeffer, Tabasco-Sauce.

Saumon mariné a l'aneth et au citron

Marinierter Lachs mit Dill und Zitrone

1 kg Lachs	Den Lachs filetieren, die Haut nicht entfernen. Mit Zitronensaft und Olivenöl einreiben und 24 Stunden marinieren. Die Lachsfilets säubern. Mit Zitrone, Olivenöl und Dill bestreuen.
1 kg grobes Salz	
100 g feiner Zucker	
110 g grobgemahlener Pfeffer	

Terrine de raie à la menthe

Rochenpastete mit Minze

ZUTATEN FÜR DIE FÜLLUNG

8-10 PERSONEN	Den Rochen gründlich waschen. Die Tomaten abziehen
2 kg Rochenflügel	(½ für die Sauce, ½ für die Pastete). Die Kapern, die
3 schöne Tomaten	Gewürzgürkchen und 80 g Minze fein hacken. Gelatine,
2 l Gemüsebrühe	Salz, Pfeffer.
1 Beutel gemahlene	2 l Gemüsebrühe, 200 g Minze. Den Fisch mit der Brühe
Gelatine	bedecken. Zum Kochen bringen und 15 Minuten pochieren. In der Brühe abkühlen lassen und die Haut abziehen.
60 g Gewürz-	
gürkchen	Die Terrine zubereiten.
60 g Kapern	## SAUCE
280 g frische Minze	Zitronensaft, Olivenöl, Salz, Pfeffer, Tomatenwürfel.

Civet de lapin à la lyonnaise

Kaninchenragout auf Lyoner Art

Das Kaninchen in Stücke schneiden und in eine Kasserolle legen. 4 Eßlöffel Erdnußöl, 6 Eßlöffel Weinessig, grobes Meersalz und gemahlenen Pfeffer hinzufügen.

2 Karotten, grobgehackte Zwiebeln, ein bouquet garni (viel Thymian, Petersilie), ½ Lorbeerblatt, Nelken (2 pro Kaninchen), eine Prise herbes de Provence darauflegen. Mit einem kräftigen Rotwein aufgießen und an einem sehr kühlen Ort oder im Kühlschrank 3–5 Tage marinieren lassen.

Danach die Kaninchenstücke aus der Marinade nehmen und in heißem Öl von allen Seiten goldbraun anbraten lassen. Die angebratenen Fleischstücke in die Kasserolle legen, deren Boden mit einer Scheibe Bayonner Schinken oder einem Stück Schwarte vom Bayonner Schinken und etwas Gänseschmalz ausgelegt ist.

SAUCE

Die Kasserolle, in der man die Kaninchenstücke angebraten hat, muß gesäubert werden, da das Öl nicht mehr frisch ist. Danach die Sauce zubereiten. Sehr wenig Öl mit etwas Gänseschmalz in die Kasserolle geben. Die abgetropften Zwiebeln und Karotten hinzufügen und unter ständigem Rühren kurz anbraten lassen. Mehl hinzugeben und weiterbraten lassen. Danach die Marinade hinzufügen und gründlich umrühren. Das bouquet garni auf die Kaninchenstücke legen.

Die Kaninchenstücke sollen unbedingt in viel Sauce gegart werden (sie sollen schwimmen und mit der Sauce bedeckt sein).

FÜLLUNG	*Choux farcis*	
2 kg Brät	*Kohlrouladen*	

FÜLLUNG

2 kg Brät

6 große Knoblauch-
zehen

400-500 g in Milch
eingeweichtes
Landbrot

3 Schalotten

1 große Handvoll
Petersilie

300 g Geflügellebern

300 g fetter Speck

120-150 g Mangold
oder Kopfsalat

7 ganze Eier

1 Scheibe Kalbsleber
(150-200 g)

Kräuter der Provence

4 Gewürze
(Nelken, Ingwer,
Pfeffer, Muskat –
sehr wenig)

2 Prisen
Puderzucker

kaum Salz,
da das Brät schon
gesalzen ist

sehr viel Pfeffer aus
der Mühle

Choux farcis

Kohlrouladen

Für 5 Köpfe Kohl.

Den Kohl in heißem gesalzenem Wasser mit Nelken
kochen.

EINIGE RATSCHLÄGE HINSICHTLICH DES KOHLS

Die Kohlblätter pochieren, damit sie weich sind. Auf
diese Weise kann man sie besser füllen.

Die Füllung auf ein Blatt streichen. Ein zweites Blatt darauflegen. Erneut mit Füllung bestreichen. Mit einem dritten Blatt bedecken, aufrollen, mit einem großen Blatt
(oder sogar zwei) umwickeln und mit einem Faden
umbinden. Danach die Kohlrouladen von allen Seiten
goldgelb anbraten und in einen Schmortopf legen.

Die Karotten in Scheiben schneiden und mit den Zwiebeln anbraten. Ausreichend Wasser auf die Kohlrouladen
gießen, sie sollen mit Wasser bedeckt sein. Knapp 15
Minuten garen lassen.

Das Brot soll lediglich in Milch eingeweicht und zer-
drückt werden.

Fleisch und Füllung
vermischen

1 Kopf Kohl = etwa
200 g Fleisch + Kohl
= 400-450 g
zusammen

ZUM SCHLUSS

3-4 kg Karotten

2 große Zwiebeln

fetter Speck

1 bouquet garni

Petersilie

Salz, Pfeffer

Gateau aux marrons

Kastanientorte

350 g Block-
schokolade

150 g Butter

250 g Puderzucker

1 kg ganze, gekochte
Kastanien

Die Schokolade mit Wasser und Butter im Wasserbad zum Schmelzen bringen. Wenn die Mischung flüssig ist, den Puderzucker hinzufügen. Zum Schluß die im Mixer pürierten Kastanien daruntermischen.

Mit einer mit Rum parfümierten Vanillesauce servieren.

Bavarois au fromage frais et au coulis de fraise

Bayerische Creme mit Frischkäse und Erdbeerpüree

Den Quark mit dem Zucker, der abgeriebenen Zitronenschale und der Crème fraîche mit Hilfe eines elektrischen Schneebesens sahnig rühren. Die kalt eingeweichte, warm aufgelöste Gelatine durch ein Sieb hinzufügen. In vier Portionsschälchen füllen und einige Stunden in den Kühlschrank stellen.

Die Erdbeeren mit dem Zitronensaft und dem Zucker im Mixer zu einem glatten Püree vermischen.

Die Bavarois einen kurzen Augenblick in kochendes Wasser tauchen und auf vier Teller stürzen. Mit dem Erdbeerpüree umranden und mit je einer Erdbeere garnieren.

400 g Sahnequark
(40% Fett)

100 g feiner Zucker

abgeriebene Schale
einer Zitrone

1 EL Crème fraîche

2 Eiweiße

4 Blatt Gelatine

ERDBEERPÜREE

500 g reife
Erdbeeren

1 EL Zitronensaft

1 EL feiner Zucker

Mousse au chocolat
Schokoladencreme

3 Eiweiße	Die Schokolade in einer Schüssel auf ein Wasserbad set-
20 g Zucker	zen, schmelzen lassen. Von der Kochstelle nehmen und
125 g bittere	mit Hilfe eines Schneebesens die Butter hinzufügen. So
Schokolade	lange rühren, bis eine glatte Creme entsteht.
2 Eigelbe	Die Eigelbe mit der Schokoladencreme vermischen. Die
75 g Butter	Creme darf nicht warm sein, sonst wird sie zu dünnflüs-

sig, wenn die Eiweiße daruntergezogen werden.

Die Eiweiße sehr steif schlagen. 20 g Zucker hinzufügen.
Die Schokoladencreme hinzufügen und vorsichtig mit
den Eiweißen vermischen.

250 g Schokolade	**Sublime au chocolat avec sauce arabica**
250 g Butter	*Schokoladencreme mit Mokkasauce*
3 gestrichene	*(¹/₂ l Vanillesauce mit 1 EL gemahlenem Kaffee)*
EL Puderzucker	
6 Eier	Die Schokolade mit etwas Wasser in einem Topf im Was-

serbad zum Schmelzen bringen. Die Butter hinzufügen.

VANILLESAUCE	Die Eigelbe mit dem Zucker zu einer dickschaumigen
1 l Milch	Masse schlagen. Die Eiweiße steif schlagen.
12 Eigelb	Die Schokolade mit der Eiercreme und den Eiweißen
150 g Zucker	vermischen und in eine mit Butter ausgefettete Form

gießen. Eiskalt servieren.

BENOIT

<table>
<tr><td>**Küche**
★ ★ ★ ★</td><td>**Ambiente**
★ ★ ★ ★</td></tr>
</table>

20, rue

Saint-Martin (4e)

Tel. 42.72.25.76

Métro: Rambuteau

Geschlossen:

Samstag

und Sonntag,

1. bis 24. August

Seit 1912 gehört das Benoit zu den schönsten und besten Bistros von Paris.

Nur einen Steinwurf vom Centre Pompidou entfernt und daher in einem der buntesten Viertel von Paris, das nach dem Willen der Stadtplaner zu einer Quadratmeile der Modernen Kunst werden sollte, wo sich aber, außer dem Museum, dann doch nur Modeboutiquen für Heranwachsende installiert haben, hier also liegt Benoit, eines der schönsten und besten Bistros von Paris. Eigentlich ist Benoit ein als Bistro verkleidetes Restaurant. Denn Küche und Service haben eine deutlich über die familiäre Gemütlichkeit hinausgehende Qualität, und die haben die Preise auch. Aber was man sieht, wenn man eintritt, ist reinstes Bistro in seiner schönsten Form. Wenn es ein Bistro-Museum gäbe, man müßte Benoit dort nachbauen, als Beispiel für ein vollendetes Ensemble, für Stilreinheit und auch als Vorbild für heutige Restaurant-Architekten. Man sitzt zwar eng, und die Tische sind klein, aber so kulinarisch und so stimmungsfördernd wie dieser kleine, geteilte Raum, so wünsche ich mir viele Restaurants. Übrigens sind die Einzelheiten der Dekoration längst nicht mehr die alten Originale; Benoit wurde unlängst restauriert. Dabei ist aber peinlich darauf geachtet worden, den Stil und die Form zu erhalten. Mit welchem Aufwand das geschah, merkt man spätestens an der Treppe zum ersten Stock, wo noch ein zusätzlicher, niedlich-eleganter Speiseraum eingerichtet wurde, sowie den verblüffend luxuriösen Toiletten. Unten aber herrscht Bistro-Atmosphäre wie schon zur Eröffnung im Jahre 1912. Die Kellner sind flink und freundlich, die Kundschaft ist international. Es ist laut, und der Beaujo-

Kulinarisch und stimmungsfördernd: der kleine geteilte Raum im Parterre.

lais schmeckt nicht schlecht. Doch dann macht die Speisekarte der Maskerade ein Ende. Sie verrät auf den ersten Blick, daß hier mehr angestrebt wird als volkstümliche Gerichte zu Billigpreisen. Auch drei verschiedene Brotsorten und edle Platzteller sind nicht alltäglich in Bistros. Gewiß gibt es immer noch die traditionelle Muschelsuppe, die marinierten Makrelen und den Salat mit Speck und Lyoner Wurst. Aber eine warme Pilzterrine mit gebratenen Pfifferlingen gehört in den Bereich der anspruchsvollen Küche; die warme Wildentenpastete ebenfalls und erst recht die Coquilles Saint-Jacques, die hier in einer Schalottenbutter kräftig angebraten werden und dennoch zart und saftig sind. Lièvre à la royale ist eine sehr aufwendige Art, einen Hasen zu kochen: Er wird völlig entbeint und mit Gänseleber gefüllt. Dann kommt er in den Ofen, bis er butterweich ist. Bei den Fischgerichten gefällt mir besonders eine kräftige Sauce aus eingemachten Zitronen zum Barsch. Die Zusammenstellungen sind fast immer ungewöhnlich, und über-

Im Benoit legt man Wert auf Stil und Form.

Die Kellner des Benoît – hier mit dem patron Michel Petit – sind flink und freundlich.

haupt scheint mit der Restaurierung auch die Küche auf-
gefrischt worden zu sein. Einen Michelin-Stern hatte sie
zwar schon immer, aber jetzt strengt sie sich auffällig an.
Der Gast merkt es beglückt und hat so einen zweifachen
Grund wiederzukommen.

Wenn es ein Bistro-
Museum gäbe,
man müßte Benoit
dort nachbauen.

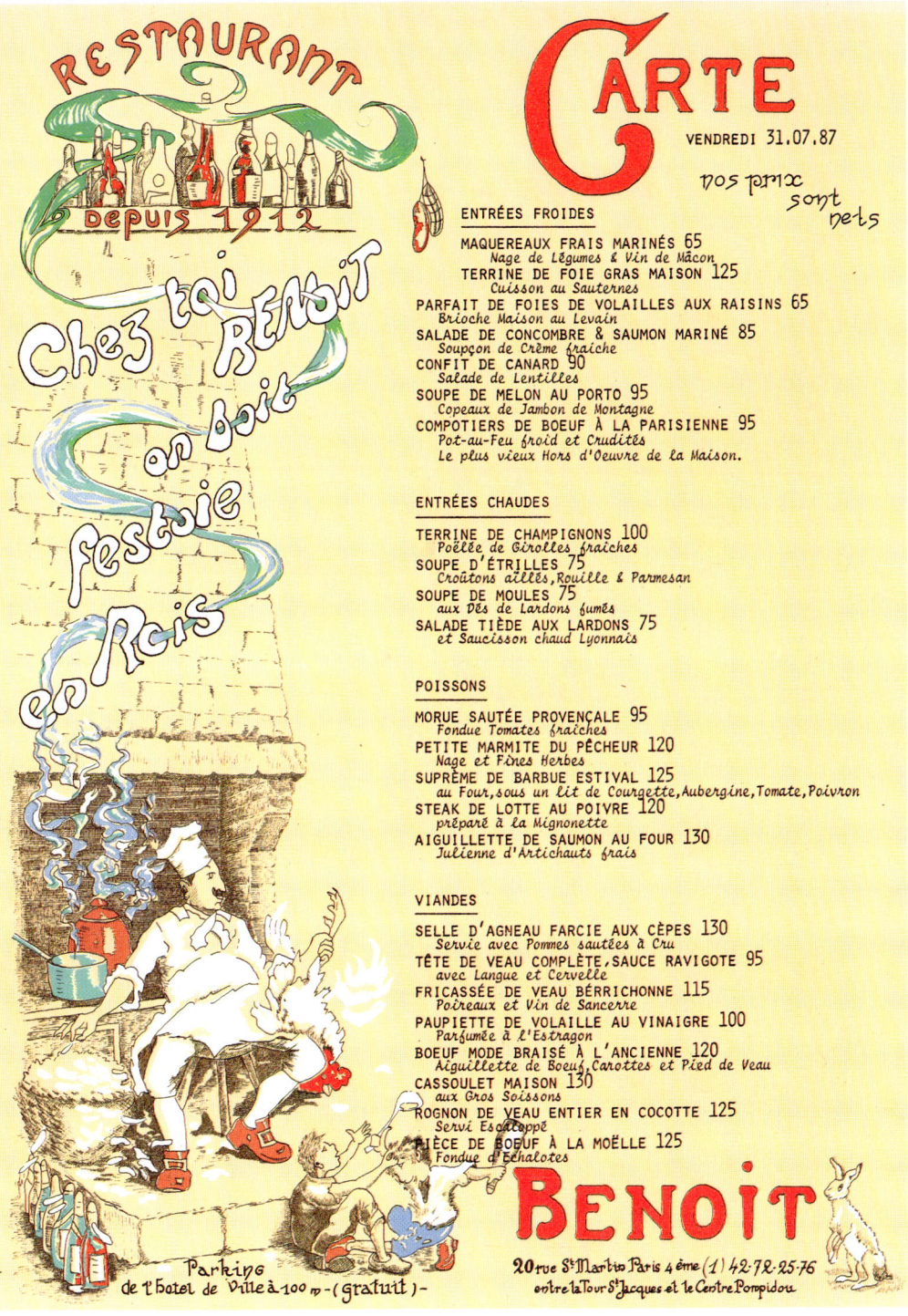

RESTAURANT
depuis 1912

Chez toi BENOIT
on boit
festoie
en Rois

CARTE
VENDREDI 31.07.87

vos prix sont nets

ENTRÉES FROIDES

MAQUEREAUX FRAIS MARINÉS 65
Nage de Légumes & Vin de Mâcon
TERRINE DE FOIE GRAS MAISON 125
Cuisson au Sauternes
PARFAIT DE FOIES DE VOLAILLES AUX RAISINS 65
Brioche Maison au Levain
SALADE DE CONCOMBRE & SAUMON MARINÉ 85
Soupçon de Crème fraîche
CONFIT DE CANARD 90
Salade de Lentilles
SOUPE DE MELON AU PORTO 95
Copeaux de Jambon de Montagne
COMPOTIERS DE BOEUF À LA PARISIENNE 95
Pot-au-Feu froid et Crudités
Le plus vieux Hors d'Oeuvre de la Maison.

ENTRÉES CHAUDES

TERRINE DE CHAMPIGNONS 100
Poêlée de Girolles fraîches
SOUPE D'ÉTRILLES 75
Croûtons aillés, Rouille & Parmesan
SOUPE DE MOULES 75
aux Dés de Lardons fumés
SALADE TIÈDE AUX LARDONS 75
et Saucisson chaud Lyonnais

POISSONS

MORUE SAUTÉE PROVENÇALE 95
Fondue Tomates fraîches
PETITE MARMITE DU PÊCHEUR 120
Nage et Fines Herbes
SUPRÊME DE BARBUE ESTIVAL 125
au Four, sous un lit de Courgette, Aubergine, Tomate, Poivron
STEAK DE LOTTE AU POIVRE 120
préparé à la Mignonette
AIGUILLETTE DE SAUMON AU FOUR 130
Julienne d'Artichauts frais

VIANDES

SELLE D'AGNEAU FARCIE AUX CÈPES 130
Servie avec Pommes sautées à Cru
TÊTE DE VEAU COMPLÈTE, SAUCE RAVIGOTE 95
avec Langue et Cervelle
FRICASSÉE DE VEAU BÉRRICHONNE 115
Poireaux et Vin de Sancerre
PAUPIETTE DE VOLAILLE AU VINAIGRE 100
Parfumée à l'Estragon
BOEUF MODE BRAISÉ À L'ANCIENNE 120
Aiguillette de Boeuf, Carottes et Pied de Veau
CASSOULET MAISON 130
aux Gros Soissons
ROGNON DE VEAU ENTIER EN COCOTTE 125
Servi Escaloppé
PIÈCE DE BOEUF À LA MOËLLE 125
Fondue d'Échalotes

BENOiT

20 rue St Martin Paris 4ème (1) 42.72.25.76
entre la Tour St Jacques et le Centre Pompidou

Parking
de l'Hôtel de Ville à 100 m - (gratuit) -

REZEPTE AUS DEM BENOIT

Langue de bœuf Lucullus

Ochsenzunge Lucullus

Die Ochsenzunge putzen: die Fett-Teile und die Gurgel entfernen. Die Zunge blanchieren: in einem Topf mit kaltem Wasser zum Kochen bringen und abkühlen lassen.

10 PORTIONEN

1 ganze Ochsen-
zunge (etwa 2 kg)

Die Zunge wie einen pot-au-feu kochen. Die Kochzeit beträgt 2 bis 2½ Stunden. Die Zunge in der Brühe abkühlen lassen.

1 Flasche Portwein

200 g Karotten

200 g Porree
(Lauch)

Aus der Brühe nehmen, enthäuten und der Länge nach in sehr feine Scheiben (2–3 mm) schneiden. (Den Metzger bitten, die Zunge mit der Maschine zu schneiden.)

In der Zwischenzeit eine Füllung aus der foie gras zubereiten: Die in Stücke geschnittene Gänseleber in einem Glas Portwein zum Kochen bringen und sofort von der Kochstelle nehmen. Die eingeweichte, ausgedrückte Gelatine hinzufügen. Erkalten lassen. Das Ganze im Mixer zu einer glatten Creme verarbeiten.

200 g Zwiebeln

200 g Gänseleber
(foie gras)

6 g Gelatine
(3 Blatt)

100 g Semmelbrösel

Jede Zungenscheibe mit etwas Gänselebercreme bestreichen. Die Scheiben aufeinandersetzen, damit die Zunge wieder ihre alte Form erhält. Mit der restlichen Creme bestreichen und im Kühlschrank erstarren lassen. Mit den Semmelbröseln panieren.

VOR DEM AUFTRAGEN

Die Zunge diesmal in senkrechte Scheiben schneiden, damit jede Scheibe Zunge mit Streifen der Gänselebercreme versehen ist. Die Scheiben auf einem kleinen frischen Salat (z.B. von Blattspinat) anrichten.

Terrine chaude de champignons
Warme Champignonpastete

FÜR 8 PERSONEN

DIE PASTETE

Ein Champignonduxelle herstellen: 1,2 kg Champignons mit einem Glas Wasser, Salz, Pfeffer und Zitronensaft kochen. Auf ein Sieb geben, hacken und im Backofen trocknen. Das ergibt etwa 400 g Champignonpüree. Das magere Hühnerfleisch oder Kalbfleisch, den fetten Schweinebauch, die Semmelbrösel durch den Fleischwolf (feine Scheibe) drehen. Die Eier und die schwarzen Pilze (im Ganzen, aber gewaschen und gut abgetropft) hinzufügen. Alles vermischen. – Eine Springform mit geöltem Butterbrotpapier auslegen. Die Champignonmischung in die Form gießen. Etwa 30 Minuten zugedeckt im Wasserbad im Backofen backen. Warm stellen.

DIE GARNITUR

Während der Backzeit der Pastete die Waldpilze zubereiten. Schälen, waschen und auf ein Backblech legen. Im Backofen ohne Beigabe backen. Sie werden ihren eigenen Saft bilden. Abtropfen lassen und warm stellen.

DIE SAUCE

Den Saft der Waldpilze aufheben. Würzen, mit einer Mehlschwitze oder einer Mehl-Butter-Mischung binden. Mit etwas Butter verfeinern.

VOR DEM AUFTRAGEN

Die Waldpilze kurz in etwas Öl in einer Pfanne braten. Von der Kochstelle nehmen, eine Prise Knoblauch und gemischte Kräuter hinzufügen. Würzen.

DIE PASTETE
1,2 kg frische Champignons
150 g mageres Hühnerfleisch oder Kalbfleisch
150 g fetter Schweinebauch
50 g Semmelbrösel
2 Eier
50 g schwarze Pilze (Trompettes)

DIE GARNITUR
1,5 kg Waldpilze (Steinpilze, Eierschwämme, Pfifferlinge), die sich während des Kochens zwischen 25 und 50% reduzieren (100 g gekochte Pilze pro Person)
etwas Öl und Butter
eine Prise gehackter Knoblauch
gemischte Kräuter
Salz, Pfeffer

Filet de barbue au citron

Glattbuttfilet mit Zitrone

EINGEMACHTE ZITRONENSCHALE

Die Zitronen mit Hilfe eines Kartoffelschälmessers sehr
dünn schälen. Die Zitronenschale in sehr feine Streifen
schneiden. Die Zitronenstreifen in einem kleinen Topf
mit Wasser bedecken, zum Kochen bringen und 5 Minuten kochen lassen.

DIE SAUCE

FÜR 8 PERSONEN

3 Zitronen

etwa 70 g Puder-

zucker

50 g Butter

Diesen Vorgang dreimal wiederholen, damit der bittere
Geschmack völlig verschwindet. Bei der dritten Wieder-
holung die Zitronenstreifen in Puderzucker tauchen.

½ Glas Wasser hinzufügen, bei leichter Hitze köcheln lassen, bis ein sehr dicker weißblonder Sirup entsteht.
Erkalten lassen und in den Kühlschrank stellen.

DIE GLATTBUTTFILETS

Sobald die Glattbuttfilets in sehr wenig Öl in der Pfanne
angebraten und danach bei leichter Hitze in schäumen-
der Butter gebraten sind, fügen Sie 3–4 geschälte Zitronenspalten pro Person hinzu.
Danach einige gut abgetropfte
eingemachte Zitronenstreifen
(ohne Sirup) auf den Fisch
legen.

Das Bratfett mit Fleischbrühe
ablöschen.

Auf vorgewärmten Tellern anrichten: den Glattbutt darauf legen, mit einigen Stückchen Zitrone, der Sauce und
den Zitronenstreifen garnieren.

LE COUDE FOU

Küche	Ambiente
★★★★	★

12, rue du Bourg-
Tilbourg (4e)
Tel. 42.77.15.16
Métro:
Hôtel de Ville
Geschlossen:
Sonntag mittag
Ganzjährig geöffnet

Le Coude Fou –
kleines Bistro mit
begabten Köchen.

Wer davor steht, traut sich wahrscheinlich nicht hinein. Und wer dann doch die Tür öffnet und einen ersten, flüchtigen Blick ins Innere dieses Mini-Bistros wirft, den verstehe ich, wenn er zögernd den Rückzug antritt. Denn gemütlich wirkt sie nicht, diese kleine und ziemlich ramponierte Beiz. Keine Tischdecken, winzige Papierservietten, grellbunte, naive Wandmalereien, ein Ventilator unter der Decke – es ist sehr eng hier und überhaupt. Vielleicht aber kommt der Gast erst, wenn andere Gäste schon beim Essen sind, und vielleicht sieht er, so er ein geschultes Auge dafür hat, die Teller auf den Tischen, und das könnte ihn dann doch bewegen, sein Glück zu versuchen. Da der Kontrast so groß ist, ist sein Glück beispiellos: Wie hier gekocht wird, und was in diesem fast schäbigen Ambiente für sehr wenig Geld geboten wird, ist in der Bistro-Kategorie einmalig. Auf der einen Seite eine Art Nouvelle cuisine – also keine Mehlsaucen und sine – also keine Mehlsaucen und

keine standardisierten Zubereitungen – und andererseits ein solides Qualitätsbewußtsein des Patrons Patrick Segall. Er stammt aus dem Lyonnais, und manche Hervorbringungen der Küche haben eine entfernte Ähnlichkeit mit der Lyonnaiser Deftigkeit. Die Kochwurst, die mit Linsen serviert wird, die verschiedenen kalten Schinken, Würste und dergleichen sind tatsächlich die Stützpfeiler der Lyonnaiser Küche. Dazu gehört auch eine Spezialität, die crème d'amourette auf Lauch. Mit amourette bezeichnen die Franzosen das Innere von Kalbsknochen, also Knochenmark in einem Zustand, der einem dicken Makkaroni mehr ähnelt als dem Mark aus Ochsenknochen. Darüber hinaus kommen hier eine wohltuende Prise Modernität ins Spiel sowie zwei begabte Köche. Der eine kocht abends, der andere mittags. Man sollte meinen, da herrsche ein Unterschied in der Qualität; aber ich wüßte nicht zu sagen, ob es hier mittags oder abends besser schmeckt. Gut schmeckt es immer, und zwar, ich wiederhole, so gut, wie das in Bistros ganz selten ist. Meine Pariser Freunde behaupten, allein der marcellin affiné sei den

In diesem fast schäbigen Ambiente geraten Gourmets ins Schwärmen.

Keine Tischdecken, naive Wandmalereien, ein Ventilator unter der Decke – aber die karge Einrichtung täusch

Besuch wert. Der Ziegenkäse stammt von der berühmten Madame Richard in Lyon und ist wirklich einzigartig. Ein Beispiel an Leichtigkeit, mithin an Wohlgeschmack, ist auch die Gebrannte Crème, wie überhaupt fast alles, was die Küche produziert. Der Speisekarte sieht man das alles nicht an, deshalb ist eine zusätzliche Inspektion der Tagesspezialitäten auf zwei Schiefertafeln an der Bar dringend geboten. Ebenso überraschend wie die Qualität der Küche ist die Auswahl der Weine: das gleiche Qualitätsstreben, die gleiche Sorgfalt bei der Zusammenstellung. Viele Weine werden glasweise verkauft, und man sollte nicht zögern, von diesem Angebot Gebrauch zu machen; denn auch die kleinen Weine sind kenntnisreich ausgewählt. Das Publikum besteht im Coude Fou nicht aus der sonst üblichen Nachbarschaft; so unbürgerlich die Küche ist, so unkonventionell sind auch die Gäste. Die Nähe des Musée Pompidou, der Place de Vosges und des alten Marais, wo der Individualismus noch (!) schöne Blüten treibt, sind ein zusätzlicher Grund, diesem ungewöhnlichen Bistro einen Besuch abzustatten.

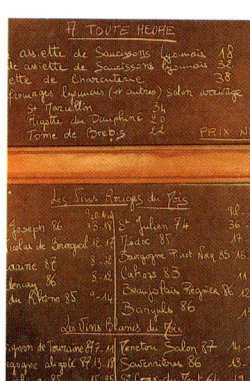

Das Coude Fou, ungewöhnliches Bistro mit unbürgerlicher Küche.

REZEPTE AUS DEM COUDE FOU

Sauce au Bleu d'Auvergne

Sauce mit Blauschimmelkäse

BEILAGE ZU ROTEM FLEISCH

1 l Sahne

600 g Bleu

d'Auvergne

Pfeffer

Die Sahne bei leichter Hitze mit dem Käse erhitzen. Mit Pfeffer würzen. Den Deckel auf den Topf setzen. Sobald der Käse geschmolzen ist, im Mixer pürieren.

Crème d'amourette à la fondue de poireaux

Knochenmark vom Kalb in weißer Sauce mit Lauchpüree

FÜR 4 PERSONEN

10 schöne Stücke

Knochenmark

vom Kalb

120 g weißer Lauch,

durch den Fleisch-

wolf gedreht

¼ l trockener Weiß-

wein

⅕ l Sahne

alter Weinessig

Salz, Pfeffer

Die Knochenmarkstücke in gesalzenem Wasser blanchieren. Im Kochwasser aufheben.

Lauch kurz in Butter anbraten. Würzen.

Den Weißwein mit ein paar Tropfen Weinessig in einem Schmortopf einkochen lassen.

Die in kleine Stücke geschnittenen Knochenmarkstücke hinzufügen und einige Minuten schmoren lassen. Mit der Sahne aufgießen und noch einmal einkochen lassen. Mit Salz und Pfeffer abschmecken. Warm servieren.

Salade de filets d'oie fumés

Salat von geräucherter Gänsebrust

Eichenblättersalat

roter Kopfsalat

rote Bete

Salatgurke

Karotten

Tomaten

geräucherte Gänse-

brust

Die Zutaten werden mit einer Vinaigrette aus Pflanzen-
öl, Weinessig, Salz und Pfeffer sowie scharfem Senf
abgeschmeckt.

LE VIEUX BISTRO

Küche	Ambiente
★ ★ ★	★ ★ ★

14, rue du Cloître-
Notre-Dame (4e)
Tel. 43.54.18.95
Métro: Saint-Michel
Kein Ruhetag
Ganzjährig geöffnet

Le Vieux Bistro liegt mitten im Touristenzentrum, bietet aber gastronomische Qualität.

Abends stehen im vorderen, dem originelleren der zwei Speiseräume Kerzen auf den Tischen. Kerzen in Likör- und Weinflaschen, diese internationalen Indizien für touristische Schauerlokale. Doch hier, wo alle paar Minuten die Sicherungen durchbrennen, sind Kerzen wohl notwendig. Das kleine Bistro liegt direkt an der Nordseite von Notre-Dame und damit im Zentrum des Touristentrubels. Dennoch sorgt der junge Monsieur Fleury, der das traditionsreiche Lokal seit mehreren Jahren leitet, für eine gastronomische Qualität, die keineswegs durch anspruchslose Touristen geprägt ist. Mittags, im Tageslicht, ist es hier, wie in allen Bistros, weniger feierlich, also natürlicher. Dann werden Papierbögen auf die Tischdecken gelegt (aber Stoffservietten gibt es genauso wie abends). Die jungen Kellner sind gleichmäßig freundlich und fix, überhaupt läuft der Betrieb sehr professionell. Der junge Beaujolais wird aus dem Faß gezapft, die Theke und Anrichten sind authentische Stücke aus der Vergangenheit des Hauses; auch an den halbblinden Spiegeln, die die Wände des vorderen Raums bedecken, ist die Zeit

nicht spurlos vorübergegangen. Dennoch ist das Interieur nicht ganz so antik, wie der Name des Bistros erwarten läßt, aber es hat allen Charme einer Pariser Kneipe und auch, jedenfalls außerhalb der Saison, eine typisch pariserische Klientel. Die Speisekarte ist mit der Hand geschrieben, wie es sich für ein zünftiges Bistro gehört,

Nicht ganz so antik, wie der Name vermuten läßt, aber mit viel Charme eingerichtet.

und enthält Standardgerichte der Hausmannskost wie poireaux vinaigrette, warme Kochwurst mit Kartoffelsalat, Hechtklöße, andouillettes, crème caramel und was sonst, von der Lyonnaiser Küche ausgehend, für Bistros typisch ist. Doch der Ehrgeiz des Besitzers endet dabei nicht. Also stehen auch ein provençalischer Lammrücken auf der Karte, flambierte Jakobsmuscheln, Wachteln mit Wacholder, Rinderfilet, in der Folie gegart (mit einem köstlichen Gratin dauphinois), und im Winter gibt es sogar eine spezielle Wildkarte. Die Saucen verraten solides Handwerk und eine gute Zunge des Küchenchefs. Vor allem die butterige Senfsauce zu den vortrefflichen Kalbsnieren und die Blutsauce zum civet de canard (Entenragout) fand ich sehr gelungen. Daß alle Gerichte im Kochtopf angebracht und erst in Sichtweite des Gastes tranchiert und aufgefüllt werden, ist eine besonders sympathische Sitte. Schließlich überrascht die letzte Seite der Weinkarte, auf der mehrere Grands Crus von der Côte-d'Or zu Ladenpreisen zu entdecken sind.

Eines der gelungensten Gerichte: Civet de canard (Entenragout mit Blutsauce).

Alle Gerichte werden im Kochtopf gebracht und erst am Tisch tranchiert und aufgefüllt.

le vieux bistro

Ets Jean Fleury . r.c. Paris 64 B 4216

déjeuner ● dîner aux chandelles ● spécialités lyonnaises

14, rue du cloître notre dame
75004 paris 43.54.18.95

parking assuré ● parvis notre dame

ouvert tous les jours

Carte Gibier

Terrine de faisan	58.00
Terrine de lièvre	58.00
1/2 Poule faisanne braisée aux choux (1p)	130.00
Poule faisanne rôtie pommes dauphines (2p)	280.00
Gigue de chevreuil sauce grand veneur	180.00
Civet de marcassin	140.00
Civet de lièvre à la française	160.00
Canard sauvage rôti au poivre vert (2p)	250.00

Prix Service Compris.

LE TRUMILOU

Küche	*Ambiente*
★	★

84, quai de l'Hôtel
de Ville (4e)
Tel. 42.77.63.98
Métro:
Hotel de Ville
Geschlossen:
Montag
Ganzjährig geöffnet

Le Marais im Rücken, vor sich die Ile Saint-Louis, schräg gegenüber Notre-Dame, nur wenige Schritte vom Hôtel de Ville entfernt – dieses volkstümliche Bistro ist fast automatisch ein Touristenziel. Volkstümlich bedeutet, daß es hier sehr billig ist und deshalb immer voll. Darüber hinaus hat das Trumilou den Charme einer Autowerkstatt. Die Tische sind winzig, die Bilder an den Wänden

Volkstümlich, billig und ohne Ambiente: Le Trumilou im Touristenzentrum.

leider nicht, sondern unübersehbar und werfen die Frage auf, wer das schlechtere Geschäft gemacht hat: die Maler, die sie für einige Tagesgerichte in Zahlung gegeben haben, oder der Wirt, der sie nun täglich sehen muß. Das Bistro besteht aus zwei getrennten Räumen; der kleinere ist weniger ramponiert, da muß man auch nicht so dicht an dicht mit den Nachbarn an langen Tischreihen sitzen. Selbstverständlich sind die Tischdecken aus Papier, und ebenso selbstverständlich wird man von der nicht gerade fröhlichen Bedienung aufgefordert, das Besteck zu behalten, wenn sie die Teller des ersten Gangs abräumt. Was man hier zu essen bekommt, ist sehr unterschiedlich. Eine Lammkeule mit weißen Bohnen kann unverfälscht und wunderbar aromatisch sein, überbackene pétoncles,

das sind kleine Muscheln, schmecken herzhaft, und die Vinaigrette zum grünen Salat ist gut abgeschmeckt. Obsttorten und ähnliche Süßspeisen sind angenehme Hausmannskost. Auf Gerichte mit Sauce sollte man jedoch besser verzichten und auch darauf achten, daß Salz- und Pfefferstreuer in Reichweite stehen und nicht verstopft sind. Mit irgendwelchen Ambitionen wird hier gewiß nicht gekocht, auch die kleine Weinkarte ist nicht attraktiv. Dennoch hat das Trumilou seinen Reiz. Wenn am Sonntagmittag die Familien lärmend über ihren Tellern sitzen und die Weinflaschen kreisen, dann glaubt man sich in das Paris vor dem letzten Krieg zurückversetzt. Da wird die Schäbigkeit plötzlich romantisch und die Primitivität pittoresk. Und im selben Maße verändert sich auch die Qualität des Essens: Der Fisch ist zwar zu lange pochiert, aber nicht mehr trocken; das Filet nicht mehr roh, sondern nur noch blutig, und die Rechnung eine letzte Wohltat.

Paris vor dem Zweiten Weltkrieg – im Le Trumilou ist es noch lebendig.

Die Tische sind winzig, die Bilder an den Wänden leider nicht.

REZEPTE AUS DEM TRUMILOU

Gigot d'agneau et haricots blancs

Lammkeule mit weißen Bohnen

FÜR 4 PERSONEN

SAUCE

1 Glas Weißwein,

Thymian, Lorbeer-

blätter, 2 gehackte

Knoblauchzehen

200 g weiße Bohnen

1 Karotte

1 Zwiebel

1 Lorbeerblatt

1 Handvoll grobes

Meersalz

50 g Butter

4 Knoblauchzehen

1 Lammkeule

(800 g – 1 kg)

1 Knoblauchzwiebe

1 dl Öl

Die Bohnen in kaltem Wasser etwa 1 Stunde einweichen lassen. Abspülen und mit der doppelten Menge Wasser kochen. Alle Zutaten – kleingeschnittene Karotten und Zwiebeln, das Lorbeerblatt, das Salz und den Knoblauch – im Ganzen hinzufügen. Wenn die Bohnen gekocht sind, sollten sie knapp von der Brühe bedeckt sein. Den Knoblauch und das Lorbeerblatt entfernen und die Butter hinzufügen.

Die entbeinte Lammkeule mit Knoblauch spicken. In sehr heißem Öl bräunen. Bei mittlerer Hitze 20 Minuten im Backofen braten. Wenn die Lammkeule gar ist, aus der Pfanne nehmen. Die Sauce entfetten. Den Weißwein, die gleiche Menge Wasser, Thymian, Lorbeerblatt, Salz, Pfeffer und Knoblauch hinzufügen. Einkochen lassen. Die Lammkeule in Scheiben mit etwas Sauce servieren.

Lammkeule mit weißen Bohnen.

Ris de veau grand-mère

Kalbsbries nach Großmutters Art

2 kg Kalbsbries	Die Kalbsbriese in Wasser blanchieren. Säubern, entfetten und in 3 – 4 cm große Stücke schneiden. Die Kartoffeln in Würfel schneiden und in einer Pfanne braten (goldgelb). Die Zwiebeln schneiden und grob hacken. Den Speck in mittelgroße, regelmäßige Streifen schneiden, die Champignons in Würfel.
300 g Zwiebeln	
250 g geräucherter	
Bauchspeck	
400 g Champignons	
300 g Kartoffeln	In einer Schmorpfanne: Die Zwiebeln in Öl glasig braten. Die Speckstreifen hinzufügen und weiterbraten lassen.
1½ kg Hühnerklein	Die Champignons hinzufügen und unter Rühren 10 Minuten schmoren lassen.
250 g Zwiebeln	
250 g Karotten	Die Hühnerbrühe: Alle Zutaten fein hacken, in einem Topf mit Wasser bedecken und etwa 1 Stunde kochen lassen. Nur die eingekochte Brühe durch ein Sieb geben, mit einer Mehlschwitze binden (ganz wenig), mit etwas Butter verfeinern und würzen.
1 Zweiglein Thymian	
2 Lorbeerblätter	
Salz, Pfeffer	
Öl	

FERTIGSTELLEN UND ANRICHTEN

In einer Schüssel: Die Briese in die Schüssel geben, mit den Kartoffeln darauf. Zwiebeln, Bauchspeck und Champignons hinzufügen und mit Hühnerbrühe in Höhe der Briese bedecken. Im Backofen bei mittlerer Hitze 15 Minuten backen.

CHEZ RENÉ

Küche	Ambiente
★ ★	★ ★ ★

**14, bd Saint-
Germain (5e)
Tel. 43.54.30.23
Métro:
Maubert-Mutualité
Geschlossen:
Samstag und
Sonntag
Ganzjährig geöffnet**

*René Cinquin,
der Patron, sorgt
für eine fröhliche
Atmosphäre.*

Es ist wahrscheinlich, daß jemand, der am Tour d'Argent abgewiesen wird, weil das Prestige-Restaurant ausgebucht ist, im nur hundert Meter weiter in derselben Straße liegenden Chez René ebenfalls keinen Platz findet. Denn so weltberühmt das eine ist, so beliebt ist das andere Restaurant bei der Nachbarschaft, und deshalb ist auch hier eine Tischreservation notwendig. Damit

*Chez René ist
ein Pariser Bistro
par excellence.*

erschöpft sich allerdings die Ähnlichkeit. Chez René ist ein Bistro par excellence: Dekor aus den dreißiger Jahren, Spiegel an den Wänden, Kleiderablage über den Bänken, kleine Tische, eine schöne Theke am Eingang, und unter der Decke baumeln die Würste. Würste und sonstige cochonnailles spielen hier eine große Rolle, weil René Cinquin aus dem Beaujolais stammt, wo Würste ein wichtiger Bestandteil der landesüblichen Diät sind. René stammt aber nicht nur aus dem Beaujolais, er besitzt dort auch Weinberge, und so ist es selbstverständlich, daß die Gäste seinen Wein trinken. Er ist ein ungewöhnlich liebenswürdiger Patron, der auf die Frage, wo der nächste Briefkasten zu finden sei, dem Gast den Brief mit den

Worten aus der Hand nimmt: »Gegenüber; geben Sie her, ich bringe ihn hin.« Die Speisekarte ist klein, aufregend ist sie nicht. Aber eben deshalb typisch für ein Pariser Bistro: Salat mit warmem Ziegen-

Chez René – ein Bistro par excellence aus den dreißiger Jahren.

käse; warme Kochwurst mit Kartoffelsalat; gratinierte Mangoldstiele; Hechtklöße; Froschschenkel; Andouillette; Hähnchen in Rotwein; Reiskuchen sowie die üblichen Dinge, die ein Essen in einem Bistro so unkompliziert machen, weil man sie so, wie sie aufgetischt werden, auch erwartet. Überdies steht der Salzstreuer ja in Reichweite. Die Gäste jedenfalls sind gut gelaunt, die Freundlichkeit des Patron bleibt nicht ohne Wirkung auf die Kellner, auf die Esser, und so verbringt man die Zeit bei René in einer so fröhlichen Atmosphäre, daß es der niedrigen Rechnung gar nicht bedarf, um dieses sympathische Bistro in guter Laune zu verlassen.

Die Weine kommen aus dem Beaujolais – dort besitzt der Patron einen Weinberg.

Im Chez René werden typische Bistro-Gerichte zu annehmbaren Preisen serviert.

REZEPTE AUS DEM CHEZ RENÉ

Blettes au gratin

Gratinierter Mangold

Die Blätter von den Rippen entfernen. Diese in gleichmäßige Stücke schneiden. Waschen und abtropfen lassen. In einen großen Topf mit kochendem Wasser geben. Mit dem Meersalz würzen. Um festzustellen, ob die Mangoldstiele gar sind, die Rippen fest drücken. Mit kaltem Wasser abschrecken und abtropfen lassen.

FÜR DIE BECHAMELSAUCE

Die Butter in einer Kasserolle zerlassen, das Mehl hinzufügen und mit einem Holzlöffel vermischen. Unter ständigem Rühren die kochende Milch zugeben. Etwas kochen lassen und den geriebenen Gruyère hinzufügen. Mit Salz, Pfeffer und geriebener Muskatnuß würzen. Über den Mangold gießen. Den restlichen Gruyère darüberstreuen und im Backofen überbacken. Goldbraun gratinieren und sehr heiß auftragen.

FÜR 8 PERSONEN

3 kg Mangold

grobes Meersalz

BECHAMELSAUCE

1 l Milch

70 g Mehl

70 g Butter

200 g geriebener

Gruyère –

50 g zum Schluß

Salz, Pfeffer aus der

Mühle

Muskatnuß

Gâteau de riz
Reistorte

Die Milch, den Zucker und die aufgeschnittenen Vanilleschoten in einem Topf zum Kochen bringen. Sobald der Siedepunkt erreicht ist, den Reis (Rundkornreis) hinzufügen, die Hitze senken und ohne Deckel 1½ Stunden köcheln lassen, bis der Reis die Milch ganz aufgenommen hat. Danach unter ständigem Rühren die Eier hinzufügen.

In der Zwischenzeit einen Karamel mit dem Zucker und dem Wasser zubereiten. Mit der Hälfte des Karamels die Wände einer Puddingform überziehen. Den restlichen Karamel mit etwas kaltem Wasser aufgießen, erneut zum Kochen bringen und einkochen lassen, bis eine sirupartige Konsistenz erreicht ist. Erkalten lassen.

Den Reis in die Form geben und ½ Stunde im Backofen bräunen lassen. Erkalten lassen und stürzen.

Für die Vanillecreme die kochende Milch mit dem Zucker und der Vanilleschote in einer Terrine vermischen. Die Eigelbe mit einem Schneebesen schaumig schlagen und unter ständigem Rühren mit einem Holzlöffel in die kochende Milch geben. In einen Topf gießen und unter ständigem Rühren auf der Kochstelle die Creme dicklich werden lassen, ohne daß die Creme zum Kochen kommt. Sobald die Sauce dicklich ist, von der Kochstelle nehmen und unter schnellem Rühren abkühlen lassen.

Ein Stück Reistorte auf einen Teller legen, mit der Vanillecreme bedecken und mit etwas Karamel garnieren.

FÜR 8 PERSONEN
2 l Milch
250 g Zucker
3 Eier
200 g Reis
2 Vanilleschoten
KARAMEL
200 g Zucker
1 dl Wasser

CRÈME ANGLAISE
(VANILLESAUCE)
1½ l Milch
12 Eigelb
300 g Zucker
1 Vanilleschote

Coq au vin

Huhn in Weinsauce

FÜR 8 PERSONEN

1 Huhn (1,5 kg)

200 g Bauchspeck

20 kleine Zwiebeln

150 g Champignons

3 Karotten

3 l Rotwein

5 dl Öl

1 bouquet garni

350 g Mehl

25 g Butter

gemahlener Pfeffer

Salz

Das Huhn ausnehmen und sengen. In 8 Stücke zerlegen. 25 g Butter und die 5 dl Öl in einem Schmortopf erhitzen und die Geflügelstücke darin anbraten.

In der Zwischenzeit den Bauchspeck in Würfel schneiden, die gewaschenen Champignons sowie die Karotten in Stäbchen schneiden und die Zwiebeln schälen.

Wenn die Geflügelstücke goldbraun sind, aus dem Topf nehmen. Den Speck, die Champignons, die Karotten und die Zwiebeln in den Topf geben.

Wenn das Gemüse angebraten ist, das Mehl sowie den Wein hinzufügen und unter ständigem Rühren die Geflügelstücke hinzufügen, mit Salz und Pfeffer vorsichtig würzen und am Ende die Sauce abschmecken. Etwa 2 Stunden schmoren lassen.

Wenn die Geflügelstücke gar sind, aus dem Topf nehmen und die Sauce einkochen lassen, damit sie die Geflügelstücke gut nappiert. Über die Geflügelstücke gießen und mit kleinen Brotwürfeln servieren.

MOISSONNIER

Küche	Ambiente
★★★★	★★★

28, rue de Fossés-
Saint-Bernard (5e)
Tel. 43.29.87.65
Métro:
Cardinal Lemoine
Geschlossen:
Sonntag abend
und Montag,
August

Wo der Pont de Sully auf das linke Seine-Ufer trifft, mündet die rue Fossés Saint-Bernard. Bemerkenswert an ihr ist die kurze Entfernung zur Ile Saint-Louis und zum Jardin des Plantes sowie die vielen Bistros. Unter ihnen, aber an erster Stelle, Moissonnier. So und nicht anders sieht das typische Pariser Bistro aus. Keine Jugendstil-

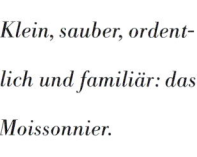

Klein, sauber, ordentlich und familiär: das Moissonnier.

kacheln, keine Ornamente aus der Belle Epoque, nur klein, sauber, ordentlich, familiär und ansonsten unauffällig. Bürgerlich nennt man das, und es bedeutet große Leinenservietten, eine Patronne von überdurchschnittlicher Liebenswürdigkeit, zuvorkommender Service, kleine Preise und eine dankbare und treue Stammkundschaft, die, wenn sie nicht zu den eiligen Mittagsgästen gehört, sich abends Zeit nimmt und das kulinarische Ereignis mit gebührender Aufmerksamkeit genießt. Das Attribut bürgerlich bedeutet bekanntlich nicht immer auch eine gute Küche. Hier jedoch, wo die Familie Moissonnier seit siebenundzwanzig Jahren zum Ruhm dieser Gattung von Kleinrestaurants die Gäste betreut, hier ist die Küche wunderbar. Es ist eine reine Regionalküche, und zwar, entsprechend der Herkunft der Besitzer, beeinflußt von den Regionen Lyon und Jura. Aus dem Jura stammen die ausgezeichneten Käse (zum Beispiel, als Vorspeise, breuzi de franche comté, eine Art Bündnerfleisch mit Hobelkäse) und einige rare Weine wie der Château Chalon oder der süße Vin de Paille. Aber auch die offenen Hausweine sind durchaus trinkbar. Bei den Tagesgerichten ist die Lyonnaiser Tradition nicht zu übersehen. Vor allem Innereien wie die Andouillette, einmal nicht gegrillt, sondern in Weißwein geschmort; tablier de sapeur mit sauce gribiche (eingebackene Kutteln), aber auch gras double (geschnetzelter Kälbermagen); gegrillter Schweinsfuß mit roten Bohnen; Salat mit Speck; pochierte Eier in Rotwein und, natürlich, die Lyoner Wurst, heiß serviert – alles liebenswerte Deftigkeiten, wie man sie in den Kneipen Lyons zu finden hofft. Hier, in Paris, sind das alles Spezialitäten, weil sie nämlich sorgfältiger zubereitet und besser abgeschmeckt sind als üblich. Das schöne bœuf Miroton (Rindfleisch mit Zwiebeln) oder die Kalbsniere in Senf, aber auch eine so altmodische Süßspeise wie die Reistorte mit Vanillesauce sind bestens geeignet, das Mißtrauen des zeitgenössischen Essers gegenüber der Alten Küche abzubauen. Im Parterre sitzt man hübscher als in der banal dekorierten 1. Etage.

Moissonnier: ein liebenswürdiger Patron, zuvorkommender Service und kleine Preise.

REZEPTE AUS DEM MOISSONNIER

Bœuf Miroton

Rindfleisch Miroton

FÜR 8 PERSONEN
1,5 kg gekochtes
Rindfleisch, in feine
Scheiben geschnitten
8 große Zwiebeln,
in Ringe geschnitten
100 g Butter
2 EL Mehl

2 EL Tomatenmark
1 l Rinderbrühe
3 EL Essig
200 g kleine Essig-
gurken, in Scheiben
geschnitten
Semmelbrösel
Salz, Pfeffer

Die Butter in einer Pfanne mit etwas Öl erhitzen, damit sie nicht verbrennt. Die Zwiebeln hinzufügen und unter Rühren glasig dünsten. Mit dem Mehl bestreuen und unter Rühren einige Minuten weiterbraten.

Den Essig sowie das Tomatenmark, die Rinderbrühe und die Essiggurken hinzufügen. Mit Salz und Pfeffer würzen und 20 Minuten kochen lassen.

Etwas Sauce in eine feuerfeste Form gießen. Das Rindfleisch darauf anrichten und mit der restlichen Sauce bedecken. Mit Semmelbröseln bestreuen und 10 Minuten im Backofen erhitzen.

Gâteau de riz

Reistorte

Den Karamel zubereiten und die Form damit ausgießen.
Den Reis in einen Topf mit kaltem Wasser geben. Zum
Kochen bringen, dann in ein Sieb schütten, abtropfen
und erkalten lassen.

Die Milch mit der Vanilleschote zum Kochen bringen.
Den Reis in die kochende Milch schütten und unter ständigem Rühren zum Kochen bringen. Den Deckel auf den
Topf setzen und weiterkochen lassen, bis der Reis die
ganze Milch aufgenommen hat.

Die Eigelbe mit dem Zucker vermischen. Nach und nach
den Reis hinzufügen. (Die Eigelbe dürfen nicht kochen.)
Zum Schluß die Butter darunterrühren.

Die Reis-Eier-Mischung in die Form gießen. In einem
Wasserbad im Backofen 45 Minuten backen.

FÜR 8 PERSONEN
300 g Zucker
für den Karamel
500 g Reis
200 g Zucker
200 g Butter
8 Eigelbe
2,5 l Milch
1 Vanilleschote

ALLARD

Küche	Ambiente
★ ★ ★ ★	★ ★ ★

41, rue Saint-André-
des-Arts (6e)
Tel. 43.26.48.23
Métro: Saint-Michel
Geschlossen:
Samstag
und Sonntag,
23. Dezember bis
2. Januar, August

Zwischen Trödel und Bazaren ein Licht-blick: Bistro Allard.

Für den Rive-Gauche-Enthusiasten ist die Rue Saint-André-des-Arts eine der schönsten Straßen von Paris, nur wenige Schritte vom quirligen Platz Saint-Michel entfernt: Pizza- und Sandwich-Buden, griechische und vietnamesische Billigkneipen, Bars. Hier sind Kleinkunst und Kunsthandwerk ebenso zu Hause wie Trödel, Literatur und, unvermeidlich, die junge Mode. Die schmale Straße ist wie ein Bazar, in dem sogar die Existenz eines Bonbonladens, der all die verschwundenen bunten Süßigkeiten der Dreißiger Jahre vorrätig hat, ganz normal wirkt. Hier liegt auch das Edel-Bistro, das sich viele Jahre rühmen konnte, als einziger Betrieb in dieser Kategorie zwei Michelin-Sterne zu besitzen. Davon ist kein einziger mehr übrig geblieben. Doch die Küche ist nach wie vor erstklassig – für ein Bistro. Ein wenig geändert hat sich das Dekor. Wurde früher die Authentizität durch eine rußige Patina dokumentiert, so gibt es heute neue Wandbespannungen; die bunten Urkunden und alten Stiche sind aufwendig gerahmt, und die verkrusteten, gußeisernen Kasserollen, in denen die Tagesgerichte serviert wurden, werden nicht mehr benutzt. Auch die Klientel hat

sich geändert. Früher, als Allard sehr in Mode war, besetzten die Juristen des nahegelegenen Justizpalastes jeden Mittagstisch; heute sind die Gäste internationaler. Der vordere, kleinere Raum erinnert noch am ehesten an die lange Vergangenheit, auch wenn die hübsche Theke nur mehr Dekoration ist. Geblieben ist ein Service, der jeden Anklang von familiärer Freundlichkeit unterdrückt und sich nur bei prominenten Gästen, die hier durchaus nicht selten sind, ein freundliches Lächeln abringt. Doch die Küche tut ihr Bestes, um die unvermeidliche Modernisierung auszugleichen. Nicht daß sie hoffnungslos veraltet wäre (die Portionen allerdings sind altmodisch-üppig), sie steht nur auf dem vernünftigen Standpunkt, daß Hausmannskost, wenn sie perfekt zubereitet wird, ebenso befriedigend sein kann wie die Hochküche. Also ist die Terrine mit Geflügelleberschaum untadelig, ein

Burgunderschinken mit einge-
arbeiteter Petersilie wie er sein
sollte und der Kartoffelsalat zur
warmen Kochwurst wunderbar
gewürzt. »Fasanenhenne auf
alte Art« bedeutet hier mit
Speck, Maronen und geschmor-

tem Weißkohl serviert und ist ein richtiger Schmacko-
fatz. Eine matelotte d'anguille (Aalragout in Rotwein mit
Speck, Zwiebelchen und Champignons) ist ebenso
gelungen wie der ähnlich zubereitete coq au vin. Auch
 die obligatorische Karamelcrème liegt über dem Durchschnitt sowie die charlotte au chocolat, hinter deren

Keine Michelin-Sterne mehr, aber die Küche ist nach wie vor erstklassig.

Der vordere kleine Raum erinnert noch am ehesten an die lange Vergangenheit.

wüstem Aussehen sich eine leckere Süßspeise verbirgt. Die Weinauswahl ist längst nicht mehr das, was sie einmal war; sogar der Beaujolais, für den die alte Kneipe jahrelang berühmt war, ist kaum noch vertreten. Trotzdem, und auch angesichts der über dem Bistro-Tarif liegenden Preise, gehört Allard wegen der Qualität der Küche immer noch zu den besseren Bistros der Stadt.

Für den Beaujolais war das Allard mal berühmt.

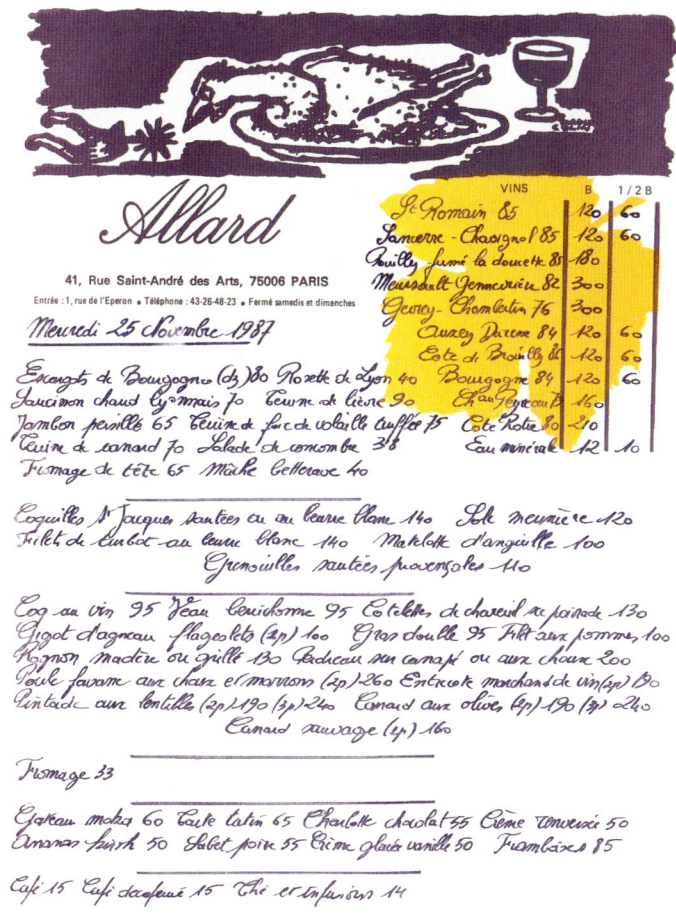

TOUS NOS PRIX SONT NETS

REZEPTE AUS DEM ALLARD

Matelotte d'anguille

Aalragout

Die Aale enthäuten und in 10–15 cm große Stücke schneiden. Den Speck in einem Topf mit Wasser bedecken. Zum Kochen bringen. 5 Minuten kochen lassen, auf ein Sieb geben, trockentupfen und in kleine Würfel schneiden. Die Zwiebeln schälen.

ZUBEREITUNG

45 Minuten

KOCHZEIT

1 Stunde

FÜR 4 PERSONEN

1 kg Aal

100 g durchwach-

sener Bauchspeck

(leicht gesalzen)

100 g kleine runde

Zwiebeln

2 Flaschen Rotwein

3 Würfel Zucker

10 cl Cognac

50 g Butter

60 g Mehl

2–3 EL Erdnußöl

1 bouquet garni

1 Knoblauchzehe

1 EL Tomatenmark

Grobes Meersalz,

Pfeffer

Einige gebratene

Brotwürfelchen

Den Wein in eine Kasserolle gießen. Die Zuckerwürfel hinzufügen: sie werden die Säure des Weins mildern. Zum Kochen bringen. Sobald der Wein zu kochen anfängt, den Cognac hinzufügen und flambieren. Sofort von der Kochstelle nehmen. Die Butter in einer Kasserolle bei leichter Hitze zerlassen. Das Mehl hinzufügen und mit einem Schneebesen zu einer glatten Mehlschwitze verrühren. Von der Kochstelle nehmen, bevor die Mehlschwitze zu bräunen anfängt. – Das Öl in einer Pfanne erhitzen. Die Aalstücke von allen Seiten darin anbraten, aus der Pfanne nehmen und in einen Schmortopf legen. Die Speckwürfel in die Pfanne geben. Im gleichen Öl goldbraun braten und zu den Aalstücken geben.

Die kleinen Zwiebeln in die Pfanne geben. Im gleichen Öl glasig braten und zu dem Fisch geben.

Das bouquet garni, den gehackten Knoblauch, das Tomatenmark, eine große Prise grobes Meersalz und gemahlenen Pfeffer in den Schmortopf geben. Vorsichtig umrühren, damit die zarten Fischstücke nicht zerfallen. Die kalte Mehlschwitze mit dem warmen Wein aufgießen. Mit dem Schneebesen gut umrühren, damit die Sauce eine homogene Konsistenz hat. Über die Aalstücke gießen und alles zum Kochen bringen.

Sobald das Ragout zu kochen anfängt, die Aalstücke mit Hilfe eines Schaumlöffels aus dem Schmortopf nehmen. Das bouquet garni entfernen und wegwerfen. Die Aalstücke in eine Schüssel legen.

Die Sauce unter häufigem Rühren mit einem Holzlöffel weiterkochen lassen. Sobald sie eine sämige Konsistenz hat, mit Salz und Pfeffer abschmecken und über den Fisch gießen. Die Aalstücke noch einmal in der Sauce erhitzen, damit das Ganze von der Sauce gut umhüllt wird.

Zum Auftragen in eine tiefe, vorgewärmte Schüssel umfüllen. Mit einigen gebratenen Brotwürfeln verzieren. Sehr heiß auftragen.

Faisane aux choux et aux marrons

Fasan mit Kohl und Kastanien

ZUBEREITUNG
20 Minuten
KOCHZEIT:
40–45 Minuten
FÜR 6 PERSONEN
1 schöner Fasan
(Weibchen), brat-
fertig
2 dünne Scheiben
magerer Speck

Den Fasan mit den Speckscheiben umhüllen. Verschnüren. 35–40 Minuten im heißen Backofen braten (220° – Gas 7/8), die Bratzeit hängt von der Größe des Wildgeflügels ab. Das Fleisch soll noch leicht rosa sein.

Am Ende der Bratzeit den Fasan aus dem Topf nehmen. Den Bratensaft mit dem Cognac aufgießen. Den Bratenfond hinzufügen und bei starker Hitze einkochen lassen. Vor dem Auftragen den Fasan zerlegen und mit den Speckscheiben auf einer Platte anrichten. Mit der Kresse verzieren. Mit der Sauce bedecken.

50 g Butter
1 Glas Cognac
1 Glas Hühnerbrühe
oder heller Braten-
fond
1 kleine Handvoll
Kresse
Salz, Pfeffer

Coq au vin

Huhn in Weinsauce

ZUBEREITUNG
30 Minuten
KOCHZEIT
ungefähr
1 Stunde

FÜR 6 PERSONEN
1 Huhn (2,4 kg)
2–3 EL Geflügelfett
2 l Rotwein
200 g durchwach-
sener Bauchspeck
(leicht gesalzen)

3 Zwiebeln
3 EL Mehl
3 Knoblauchzehen
1 bouquet garni
1 EL Tomatenmark
1 Glas Cognac
200 g Champignons
½ Glas Blut
(vom Huhn oder
vom Schwein)
Salz, Pfeffer

Das Huhn in Stücke schneiden. Von allen Seiten im Geflügelfett in einer Schmorpfanne anbraten. Wenn die Geflügelstücke goldgelb sind, aus dem Fett nehmen und in eine Kasserolle legen.

Den in kleine Würfel geschnittenen Speck im gleichen Fett kurz anbraten. In die Kasserolle geben.

Auf dieselbe Art die feingehackte Zwiebel glasig braten und ebenfalls in die Kasserolle geben. Das Tomatenmark, den Knoblauch und das bouquet garni hinzufügen und gut umrühren. Mit dem Cognac begießen und flambieren.

Mit dem Rotwein aufgießen, gut umrühren und den Wein flambieren. Die geschälten, grobgehackten Champignons hinzufügen. Salzen und pfeffern. Den Deckel auf die Kasserolle setzen und mindestens 20 Minuten köcheln lassen, bis das Hühnerfleisch zart ist.

Die Hühnerstücke mit Hilfe eines Schaumlöffels aus der Pfanne nehmen und die Sauce einkochen lassen. Die Hühnerstücke auf einer Platte anrichten und warm stellen. Die Sauce von der Kochstelle nehmen und mit Hilfe eines Schneebesens mit dem Blut legieren.

Vor dem Servieren die Geflügelstücke mit der Sauce bedecken. Sehr heiß auftragen. Mit Dampfkartoffeln servieren.

AUX CHARPENTIERS

Küche	Ambiente
★	★ ★ ★

10, rue Mabillon

(6e)

Tel. 43.26.30.05

Métro: Odeon oder

Mabillon

Geschlossen:

Sonntag,

letzte Dezember-

woche

In Reih und Glied: die hölzernen Serviettenringe der früheren Stammgäste.

Im Herzen von Saint-Germain, wo die Atmosphäre aufgeladen ist mit Rummel, Bummel, Kreativität, Exzentrizität und Vergnügungssucht, gibt es wahrscheinlich mehr Kneipen und Kleinrestaurants pro Quadratmeter als sonstwo in Paris. Doch wirkliche Bistros sind hier selten. Aux Charpentiers ist deshalb eine Rarität in dem Dreieck zwischen dem Boulevard Saint-Germain, rue de Rennes und rue du Four. Das angenehm ausgeleuchtete Bistro ist keine kleine, intime Stube, hier können hundert Gäste gleichzeitig abgefertigt werden, und man darf annehmen, daß im Laufe eines Abends doppelt so viele hungrige Besucher hier ihre Mahlzeiten gut gelaunt und animiert einnehmen. Der Raum zu ebener Erde ist der schönere, weil die Dekorationen üppiger sind als unten im Souterrain. Das, womit sich Aux Charpentiers schmückt, sind alte Fotografien, Urkunden und vor allem Abbildungen der Meisterstücke, die die Schreiner früher bei Prüfungen angefertigt haben. Ziemlich bizarre Konstruktionen, kirchturmähnliche Holzgebilde und andere, leicht manieristische Arbeiten, die dem Bistro den Namen und seinen Charakter geben. Daß man nicht so eng sitzt wie sonst üblich, daß das Publikum aus den Bummlern des Boulevard Saint-Germain besteht, aus der arrivierten Bohème, die hier Abend für Abend die Runde macht, gibt dem lebhaften Lokal eine besondere Atmosphäre. Und wie das so ist mit den Nachtmenschen der Großstädte, ist ihnen das Zusammensein in einer originellen Umgebung wichtiger als die Qualität der Küche. Die ist leider nicht gleichmäßig. Da muß man schon Glück haben und die

ppige Dekorationen,
lte Fotografien und
Jrkunden an den
Wänden schaffen eine
igene Atmosphäre.

jeweilige Tagesform der Küche erraten oder zumindest ihre Schwächen listig umgehen. Manchmal hilft auch beten. Einige Gerichte sind dann doch so, daß man die angenehme Atmosphäre nicht mit zu großem kulinarischen Leid erkaufen muß. Zum Beispiel ein Krautsalat mit Speck, der erfrischend säuerlich sein kann; zum Beispiel eine Kaninchenkeule in Basilikumbutter; zum Beispiel ein Zucchinigratin als Beilage zu einem ordentlichen Hühnerschenkel oder die warme tarte tatin (über die ich gern einen Calvados gieße). Vieles ist nicht zufriedenstellend, die Weinkarte ist es auch nicht. Dennoch ist Aux Charpentiers ein lohnendes Bistro, weil es hier lebhaft und anregend zugeht, weil man angenehm sitzt und nicht geschröpft wird.

Lebhafte und
anregende Stimmung,
aber bescheidene
Küche.

AUX CHARPENTIERS

10, RUE MABILLON, PARIS 6ᵉ   **Téléphone : 326 30 05**

Menu du VENDREDI 20 NOVEMBRE 1987

S E R V I C E   A S S U R E   J U S Q U ' A   24   H E U R E S

H O R S   D ' O E U V R E

CONSOMME DE BOEUF	28.75	FILET DE HARENG/P. A L'HUILE	28.75
Crudités	19.00	Rollmops Nature	18.40
Concombres Vinaigrette	16.00	Rollmops Crème	20.70
Concombres Crème	18.50	TERRINE DE CANARD	32.20
Salade de Tomates	16.00	REGAL D'AUVERGNE	32.20
CELERI REMOULADE FRAIS	32.20	FROMAGE DE TETE AUX ECHALOTES	32.20
SALADE AUX CROUTONS AILLES	28.75	SALADE DE CHOUX AU LARD	32.20
SALADE COMPAGNON	32.20	SALADE DE HADDOCK ET SON BLINIS	46.00

H U I T R E S : FINES DE CLAIRES N°3 LA DZ. 82.80 LA 1/2 DZ. 41.40

BELON N°2   LA 1/2 DZ.   82.00

S P E C I A L I T E S :

LE CANETON ROTI SAUCE OLIVES ET PORTO	65.55
Filet de Boeuf en Papillote à la Moëlle	80.50
BOEUF A LA FICELLE	80.50
ANDOUILLETTE DE TROYES A LA FICELLE	66.70
POULET DE BRESSE ROTI	71.30
Pied de Porc Ste Ménehould	48.30
ROGNON DE VEAU ENTIER DANS SA GRAISSE EN CASSEROLE	
	128.80

L E   C H E F   V O U S   P R O P O S E :

TRAIN DE LAPEREAU AU BASILIC FRAIS	69.00
COQUILLES ST JACQUES "NAGE A L'ANCIENNE"	79.35
PANACHE DE POISSONS FRAIS	
ET SON CONCASSE DE TOMATES	71.30
MEDAILLON DE SAUMON FRAIS AU FENOUIL	77.05
FILET DE SELLE D'AGNEAU A LA CREME D'AIL	78.20

P L A T   D U   J O U R : VENDREDI

AIOLLI ET SES LEGUMES   50.60

V I A N D E S :

ALOYAU POELE AUX PLEUROTTES ET AUX AROMATES	80.50
FAUX FILET - SAUCE AU ROQUEFORT -	62.10
Contre Filet Grillé	55.20
FILET DE BOEUF GRILLE	80.50

L E G U M E S :

Haricots Verts Frais   20.00   Pommes Marly   16.00
Garniture du Jour   16.00

NOS FROMAGES : LE BRIE DE MEAUX SUR PAILLASSON   28.75
LA FOURME D'AMBERT   28.75   Beurre   4.60

NOS DESSERTS :

ENTREMET AU CHOCOLAT AMER	34.50	MOUSSE AU CHOCOLAT	23.00
TARTE PRALINEE AUX POIRES	34.50	NOS GLACES ET SORBETS :	
TARTE TATIN	34.50	Vanille, Café, Pruneaux	34.50
TARTE AU CITRON	34.50	SORBETS A L'ARTISANAL :	
CLAFOUTIS	34.50	Citron Vert, Mangue	34.50
		Fraise, Cassis	34.50

SUPPLEMENT : Mode ou Crème 6.90

P R I X   N E T S
-=-=-=-=-=-=-=-=-

LE CHEF D'OEUVRE
DES COMPAGNONS CHARPENTIERS
DU DEVOIR DE LIBERTE

P L A T   D U   J O U R : 46.00 - 50.60

LUNDI
SAUTE DE VEAU   50.60

MARDI
BOEUF MODE AUX CAROTTES   46.00

MERCREDI
PETIT SALE AUX LENTILLES   46.00

JEUDI
POT AU FEU ET SES LEGUMES   50.60

VENDREDI
AIOLLI ET SES LEGUMES   50.60

SAMEDI
CHOU FARCI CAMPAGNARD   50.60

V I N S :

Consultez notre carte au verso

NOS APERITIFS MAISON :

LE CHARPENTIER : 16.10
LE COMPAGNON   : 20.70

---

172 ✻

BRASSERIE LIPP

Küche	*Ambiente*
★	★★★★

151, bd Saint-Ger-
main (6e)
Tel. 45.48.53.91
Métro: Saint-
Germain-des-Prés
Geschlossen:
23. Dezember bis
2. Januar,
August

Brasserie Lipp: Treffpunkt der oberen Zehntausend, aber bescheidene Küche.

Schlichte Gerichte zu jeder Tageszeit.

Auf seine Weise ist Lipp genauso berühmt wie Maxim's. Wer in Frankreich Rang und Namen hat, wurde hier schon gesehen: Staatspräsidenten, Nobelpreisträger, Industrielle, Verleger, Geheimdienstler, Kokotten. Über die Schwierigkeit, zur richtigen Zeit einen Tisch in der richtigen Etage zu kriegen (Parterre), wird immer wieder geklagt; die Skandale und Affären, die hier begannen oder endeten, gehören zum Anekdotenschatz der Stammgäste. Wer bei Lipp sitzt, kann alles mögliche erwarten: den Glamour des Showbiz, die Spitzen der Politik oder eine Entführung; einen Geschäftsfreund oder eine Geliebte – nur keine anspruchsvolle Küche. Modisch-kulinarische Kochtechniken sind in diesem Haus noch nie angewandt worden; Delikatesse gilt als unseriös. Es ist nicht klar, ob die Küche sich der Gleichgültigkeit der Gäste gegenüber der Gourmandise anpaßt, oder ob diese sich dem Diktat der altmodischen Küche wiederspruchslos beugen. Die Speisekarte ist unverändert und klein. Es gibt Sauerkraut mit Schinken und Würsten, Bismarck-hering, Schnecken, Steak, gegrillten Schweinsfuß, Salat, Mousse au chocolat und noch einige, ähnlich schlichte

Gerichte, und damit hat sich's. Doch der Kaviar stammt aus dem Iran; sein Preis ist auf der Karte notiert, die Menge nicht. Auch die Weinkarte ist klein und bescheiden. Leitungswasser kann verlangt werden, Bier trinken ist nicht unüblich. Doch der Frugalität sind Grenzen gesetzt – in englischer Sprache. Für Touristen, die von französischer Lebensart wenig wissen, steht in roter Schrift auf der Speisekarte »No Salat As A Meal«. Es gibt auch noch andere Indizien für den Verfall der Sitten. So werden die Gäste durch Plakate gebeten, Hunde nicht auf die Bänke zu setzen und nicht zu füttern; Pfeiferauchen ist verboten; Kreditkarten werden nicht akzeptiert. Dafür sitzen die Gäste allerdings in einem sehr schönen kleinen Bistro mit vielen Spiegeln, bunten Kacheln und Mosaiken aus der Zeit der Jahrhundertwende. Die Kellner sehen aus wie Schauspieler von der Comédie Française, welche Kellner spielen; die Geschäftsführer sind distinguiert wie Bankdirektoren – man weiß hier, was man seinen prominenten Gästen schuldig ist. Der größte Vorzug des kleinen Restaurants ist jedoch das, was es als Brasserie kenntlich macht: man kann hier zu jeder Tageszeit essen. Also nicht nur mittags und abends, wenn sowieso alles überfüllt ist. Nachmittags um vier sitzt dann auch schon mal der Küchenchef an einem leeren Tisch und putzt die haricots verts. Dann kann man einen Roman lesen oder Postkarten schreiben. Und um Mitternacht sind eine Knackwurst und ein Glas Bier manchmal lebensrettend. Der nächste Taxistand ist direkt vor der Tür.

Viele Spiegel, bunte Kacheln und Mosaike aus der Zeit der Jahrhundertwende schaffen eine angenehme Atmosphäre.

Die Kellner sehen aus wie Schauspieler von der Comédie française.

BRASSERIE LIPP ■

NO SALAD AS A MEAL

OUVERT JUSQU'A 2 HEURES DU MATIN

151, boulevard Saint-Germain, PARIS VI — Tél. **45 48 53 91**

– V I N S –

	Bout.	Demi	Verre
BLANC Saumur	49	29	12
Muscadet 1986	56	37 (35)	
Riesling Les Ecaillers (Beyer) 1985	181	99	
ROSÉ de Marsannay 1985	145	78	
Coteaux d'Aix Rosé 1986	53	32	
ROUGE Beaujolais Village 1986	72	43	15
Bordeaux	52	30	12
Cazes (Côtes-du-Roussillon 1983)	61	36	
Brouilly (Château des Tours 1986)	106	61	

CHAMPAGNE CHOUILLY Brut (Cuvée Présidence)	242	130

NOUS N'ACCEPTONS AUCUNE CARTE BANCAIRE

Potage **15**   **MENU DU** 10   **NOVEMBRE 1987**

HUITRES	Spéciales (3) Atlantique, la douz.	129
	Belons (1) la douz.	273
	(avec pain noir, beurre et citron)	

HORS-D'ŒUVRE

		Saumon Fumé	108
Œufs de Saumon	58	Caviar d'Iran	253
Escargots de Bourgogne	76	Sardines (beurre)	25
(la douzaine)		Filets de Thon	43

CERVELAS REMOULADE (Spécialité)	33
HARENGS « Bismark » BEURRE (Spécialité)	38

Filets d'Anchois ou Filets de Harengs (avec pommes à l'huile)	25
Salade « LIPP » (avec thon ou museau de bœuf)	51

Œuf en gelée   **22**

-Sole Meunière: 103,50

Jambon de Parme	86	Pâté en croûte (Salade)	
Foie gras de Strasbourg	153	(la tranche)	86

CHOUCROUTE GARNIE (Spécialité)	75

PLATS DU JOUR Haricots verts,Légume ou Salade: 51

Pied de Porc farci grillé   **71**

-Blanquette de Veau à l'Ancienne (Riz): 81
-Faux-Filet rôti Pommes Dauphinoise: 114

Viande Froide salade 77

GRILLADES (Garnies aux pommes)

		Steak	62
(15 mn) changement garniture suppl. :	14	Entrecôte (pour 2 pers.)	198
Haricots verts 20		Mutton Chop	60

FROMAGES

Brie	32	Gruyère	32		
Cantal	32	Chèvre	32		
		Munster	32	Roquefort Beurre	37

DESSERTS

-FONTAINEBLEAU- 52

Tarte du jour	47	Tentation ou parfait	32
		Sorbet	34
Mille-feuille	56	Crème renversée	23
Gâteau du jour	59	Mousse au chocolat	24
		Melba Pêches	33

FRUITS

Pomme	10	Orange	9	Ananas	9	au Kirsch Commerce	20
Banane	8					au vieux Kirsch	32

	Verre Dég.
Cognacs (V.S.O.P. Courvoisier), Liqueurs, Wodka Russe	26
Prune de Souillac, Armagnac, Calvados, Marc, Rhum	35
Mirabelle, Kirsch, Quetsche, Framboise, Eau-de-vie de Poire	36
Martell Cordon Bleu, Rémy Martin Napoléon	47

Pruneaux à l'Armagnac (3)	33	Kir Spécial 37
Bière MUTZIG (demi)	12	Sérieux 26
Bière Brune MUNICH (demi)	13	Sérieux 27

1/2 Vichy ou Vittel .... **14**   Café .....**8**   Décaféiné **10**

PRIX SERVICE COMPRIS (15 %)

(sidebar, rotated): La carafe d'eau est mise à la disposition de la clientèle.

178 ✳

REZEPTE AUS DER BRASSERIE LIPP

Salade Lipp museau

Ochsenmaulsalat nach Art der Brasserie Lipp

Das Herz von einem Kopfsalat und von einem Endivien-
salat, ¼ Tomate, ein hartgekochtes Ei, halbiert, Kartoffelsalat, Ochsenmaul, schwarze Oliven.
Direkt am Tisch vor dem Gast mit einer pikanten Vinaigrette würzen.

Blanquette de veau

Kalbsfrikassee

FÜR 8 PERSONEN
2,6 kg Kalbsschulter,
in 80-g-Stücke
geschnitten

Das Kalbfleisch mit dem kalten Wasser in einen Topf
geben. Zum Kochen bringen und während des Kochens
den Schaum abschöpfen. Zwiebel, Karotte, bouquet
garni, Salz, Pfeffer und Nelken hinzufügen. Eine Stunde
bei leichter Hitze garen lassen. In der Zwischenzeit die
Champignons putzen und dem Frikassee hinzufügen.

DIE SAUCE

In einer Kasserolle bei leichter Hitze die Butter mit dem
Mehl vermischen. Unter Schlagen mit dem Schneebesen
den Kochsaft des Frikassees hinzufügen und vermischen. Durch ein Sieb passieren. Unter ständigem Rühren 15 Minuten kochen lassen. Von der Kochstelle nehmen. Die Crème fraîche, Eigelb und den Saft einer Zitrone
hinzufügen. Sofort von der Kochstelle nehmen. Mit Salz
und Pfeffer abschmecken.
Mit Reis auf kreolische Art servieren.

2 l Wasser
1 Zwiebel
2 Nelken
1 Karotte
1 Kräutersträußchen
(bouquet garni)
300 g Champignons
50 g Mehl
40 g Butter
1 Zitrone
2 Eier
5 EL Crème fraîche

Mousse au chocolat

Schokoladencreme

FÜR 8 PERSONEN

250 g bittere Scho-
kolade

4 Eier

Schale einer Orange

Die Schokolade in einer Kasserolle bei sehr leichter Hitze mit einem Stückchen Butter zum Schmelzen bringen. Sobald die Schokolade geschmolzen ist, die feingeriebene Orangenschale und 1 Eigelb hinzufügen. Mit einem Holzlöffel kräftig umrühren. Von der Kochstelle nehmen und erkalten lassen.

4 Eiweiß sehr steif schlagen. In 2–3 Etappen die steifgeschlagenen Eiweiße mit Hilfe eines Holzlöffels mit der Schokolade vermischen.

In Schälchen gießen. Etwa eine Stunde vor dem Auftragen im Kühlschrank ruhen lassen.

CHEZ DUMONET (JOSÉPHINE)

Küche	Ambiente
★ ★ ★	★ ★ ★ ★

117, rue Cherche-
Midi (6e)
Tel. 45.48.52.40
Métro: Duroc
Geschlossen:
Samstag und
Sonntag, August

Mehr als ein Bistro: die Mannschaft des Chez Dumonet stellt hohe Ansprüche an die Küche.

Der Boulevard du Montparnasse ist gleich um die Ecke, diese berühmten anderthalb Kilometer, wo sich die Avantgarde der zwanziger und dreißiger Jahre austobte und Cafés wie Le Dôme, das Sélect, die Closerie des Lilas u.a. in die Literatur einbrachte. Joséphine, oder Chez Dumonet, wie es auch genannt wird, ist auf seine Weise ebenfalls eine Institution. Nämlich ein Bistro, wie es Pariserischer nicht sein könnte, und gleichzeitig ein kleines Restaurant mit – vergleichsweise – großen Ambitionen. Für das Bistro sprechen die Theke am Eingang, die Bänke, Holzstühle, der Schinken unter der Decke (ich habe den Eindruck, er hängt schon seit dreißig Jahren dort) und eine sehr dekorative Reihe von Zweiliterflaschen mit alten Schnäpsen. Es existiert auch das klassische Repertoire der schlichten Bistroküche; doch gleichzeitig enthält die Speisekarte Dinge, die anders sind als das, was man gemeinhin in einem Bistro erwartet – und auch nicht so billig. Die Vorspeisen, einschließlich der terrine de foie gras, mochten mich, so sie kalt serviert wurden, nicht sonderlich begeistern. Spätestens aber bei

den Fischen beginnt der Ehrgeiz der Küche. (Hier kocht nicht der Patron, sondern ein Küchenchef.) Der Steinbutt auf Chicorée würde, kleiner portioniert, in jedem Feinschmeckerrestaurant eine gute Figur machen. Die Seezungenstreifen, eine heikle Angelegenheit für jeden Koch, gelingen perfekt, das Kalbsbries mit Morcheln ist ein großer Leckerbissen, und der Höhepunkt, allerdings nur für Liebhaber, ist die in Blätterteig eingebackene, getrüffelte Andouillette. Das ist nicht jedermanns Sache, ich weiß es, aber mir schmeckt diese anrüchige Innerei ausgezeichnet. Die Dessertkarte wird extra gereicht und enthält nur Leckeres: Die warme, hauchdünne Apfeltorte ist trotz ihrer Größe eine leichte Nachspeise, und die

Schokoladenterrine mit Vanillesauce gehört in jene Diät, die sich alle Süßmäuler der Welt verschreiben würden. Die wahre Sensation aber sind bei Joséphine die Getränke. Da ist die Weinkarte, die mehr alte

Bordeaux verzeichnet als mancher Gourmettempel. Der 1921er Château d'Yquem für 6300 Francs ist keineswegs eine exzentrische Besonderheit, sondern gehört, wie auch die alten Armagnacs, die ihre eigene Karte haben und bis an die hundert Mark pro Glas kosten können, zum Stil dieses Edelbistros. Natürlich gibt es auch den obligaten Beaujolais, und für die ganz Sparsamen hält Madame Dumonet Leitungswasser in Karaffen bereit, welches, laut Speisekarte, »gut und umsonst« ist. Was man normalerweise nur von wenigen Dingen sagen

Chez Dumonet: fast schon ein kleines Restaurant mit großen Ambitionen.

kann. Die Klientel besteht hier nicht aus den Angestellten
der umliegenden Büros oder den braven Nachbarn, sondern – auch darin ähnelt Joséphine mehr einem Restaurant als einem Bistro – aus Gästen, die vielleicht am Tag
vorher in einem Luxusrestaurant gegessen haben und
morgen in einer Weinbar versumpfen. Also Großstadt,
also ein bißchen chic. Gottlob sieht man's dem Lokal
nicht an.

Suprême de chocolat

LA VIGNERAIE

Küche	*Ambiente*
★ ★ ★	★

16, rue Dragon (6e)
Tel. 45.48.57.04
Métro:
Saint-Germain-
des-Prés
Geschlossen:
Sonntag mittag
Ganzjährig geöffnet

Treffpunkt für

Stadtneurotiker: das

La Vigneraie

am Saint-Germain-

des-Prés.

In den Straßen um Saint-Germain-des-Prés ist für beschaulich-intime Bistros kein Platz. Wer sich hier in den ständig überfüllten Kneipen und Mini-Restaurants an einen Tisch klemmt, interessiert sich am wenigsten für die Qualität der Küche. Nahrungsaufnahme ist bei dem überwiegend jungen Publikum zuerst einmal ein Grund zur Kommunikation. Und wenn dann doch laut und erregt über das Essen diskutiert wird, dann im Hinblick auf seine gesellschaftspolitische, philosophische oder ästhetische Bedeutung. Im Le Vigneraie ist das nicht anders. Ein Pot-au-feu mit drei verschiedenen Fleischsorten, der wie ein ordentlicher Pot-au-feu schmeckte, war für meine Pariser Freunde Anlaß, über die Beliebigkeit von Werten zu reden, die den tradierten Erwartungen entsprechen, ohne vom Wagnis der höheren Qualität geprägt zu sein, und die mithin einer nonkonformistischen Relevanz entbehren. Um es noch einmal zu sagen: Der Pot-au-feu war nicht schlecht. Schon gar nicht schlecht, sondern erstaunlich gut in Ausführung und Geschmack fand ich eine große, mit Duxelles bestrichene Scheibe Kalbskopf, ein delikates Meisterstück. Ebenfalls

nicht alltäglich für einen Treffpunkt von Stadtneuroti-
kern schmeckte eine perfekte beurre blanc zum pochierten Kabeljau auf fein gewürztem Chicorée. Die Salate
waren frisch, die Vinaigrette gut aromatisiert (was von
meinen Freunden mit postmodernen Tendenzen im
Strukturalismus in Zusammenhang gebracht wurde),
während die Zartheit der gésiers de canard (Entenmä-
gen) im Salat für weitere Freude sorgte. Abgesehen von
dieser Spezialität des Südwestens war dessen
Regionalküche auch bei der hausgemachten Entenleberpastete zu erkennen sowie bei einem originellen Aperitiv, dem Lillet, der leicht süßlich schmeckt
und einem Pinot de Charente nicht unähnlich ist.
Darüber hinaus ist das Angebot der Speisen nicht
sehr groß. Besonders lohnend in diesem kleinen
Lokal, wo die Servietten aus Papier sind, die Bedie-

Chèvre chaud sur salade – etwas für Feinschmecker.

nung freundlich ist und die Köche hinter einer Glas-
wand bei der Arbeit beobachtet werden können – lohnend sind hier die Weine. Fast ausschließlich Bordeaux
(deshalb haben es die Weißweintrinker hier schwer),
von denen sehr viele auch glasweise angeboten werden.
Le Vigneraie hat eine zweite Etage, die wie ein Balkon
über dem kleinen Eßraum im Parterre schwebt. Wer
immer schon mal gern nach Schwabing wollte, findet es
hier auf französisch.

Die hervorragenden Bordeaux-Weine werden auch glasweise serviert.

REZEPTE AUS DEM LA VIGNERAIE

Salade de gésiers

Entenmagensalat

Einen Teller mit einer Schicht Kopfsalat auslegen. Zwei confits von Entenmagen in feine Scheiben schneiden.* Eine schöne, in Wasser gekochte Kartoffel in Würfel schneiden. Entenmagen und die noch warme Kartoffel auf die Salatblätter legen und mit einer Vinaigrette würzen.

*Um den confit von Entenmagen zuzubereiten, rohen Entenmagen im eigenen Fett, mit Gewürzen und Kräutern aromatisiert, 3 Stunden bei leichter Hitze schmoren.

Daube de bœuf bordelaise

Rindfleischragout in Rotwein

Die Rindfleischstücke (aus der Schulter geschnitten) in einem guten Bordeaux-Wein mit Zwiebeln, Karotten und Gewürzen 24 Stunden marinieren. Das Fleisch bei starker Hitze anbraten, etwas Mehl hinzufügen, die Marinadebeilage, frische Tomaten und den Wein von der Marinade ebenfalls hinzufügen. Salzen und pfeffern. 4 Stunden köcheln lassen. Das Ragout mit frischen Bandnudeln servieren.

Pot-au-feu de la mer

Ragout mit Meeresfrüchten

Die Fische (frischer Lachs, Seeteufel, Kabeljau, Langustinen, Flußkrebse und Muscheln) und das gekochte
Gemüse (Porree, Wirsing, Karotten, Kartoffeln) auf einer
Servierplatte anrichten. Mit einer Brühe aus Fluß-
krebsen, Sahne und Safran bedecken. Ungefähr 10 Minuten im Backofen garen. Sofort auftragen.

Gratin de poires

Gratinierte Birnen

Die frischen Birnen schälen und in einem Zuckersirup
pochieren. Eine Creme zum Gratinieren aus gemahlenen
Mandeln, frischen Eiern, Butter und Birnengeist zubereiten. Die Birnen in feine Streifen schneiden. In eine feuerfeste Form geben und mit Mandelcreme bedecken. Bei
leichter Hitze unter dem Grill des Backofens gratinieren.

*Im La Vigneraie
gibt es ausschließlich
Bordeaux'.*

Mousse de Whisky

Whisky-Creme

Eine dicke Vanillecreme (Crème pâtissière) zubereiten. Mit steifgeschlagenem Eiweiß und steifgeschlagener Schlagsahne vermengen. Mit einem sehr guten Maltwhisky parfümieren.

Mit einem Löffel Klößchen ausstechen und auf einer Vanillesauce servieren.

LA POULE AU POT

Küche	Ambiente
★ ★	★ ★

121, rue de
l'Université (7e)
Tel. 47.05.16.36
Métro: Invalides
Geschlossen:
Samstag mittag
und Sonntag,
1. bis 15. August

La Poule au Pot – ein klassisches Bistro für Genießer, die ungestört bleiben wollen.

*Passable Preise,
klassisches Ambiente
und gutes Essen
machen La Poule au
Pot zu einem lohnens-
werten Ziel.*

Das Suppenhuhn ist nicht nur die Namensgeberin für dieses Bistro, es wird auch auf der Speisekarte als Spezialität ausgewiesen. Tatsächlich ist es von erfreulicher Leichtigkeit, schönem Geschmack und hat eine aromatische Füllung. In der kleinen Familienküche wird auf eine sehr sympathische Weise gekocht, ohne allzu großen Anspruch. Eine Brioche mit Mark und gebratenen Pilzen ist als Vorspeise sicherlich nicht gerade leichte Kost, aber einmal etwas anderes. Auch ein Standardgericht wie der gekochte Lauch mit Vinaigrette schmeckt bei aller Derbheit erfrischend. Sodann gibt es hier ein Relikt aus der

*Es ist alles so,
wie es sich für ein
Bistro gehört.*

guten alten Markthallenzeit, die überbackene Zwiebelsuppe. Man freut sich über das Wiedersehen und greift zum Pfefferstreuer. Die Makrelenfilets in Weißwein fehlen ebensowenig wie der Rollmops, die Andouillettes oder verschiedene Arten von kurz gebratenem Rindfleisch. Empfehlenswert ist der Lammspieß: erstklassiges Fleisch, auf den Punkt genau gebraten und gut gewürzt. Bei den Nachspeisen erfreuen vor allem die hausgemachte Apfeltorte, eine charlotte und die œuf à la neige (Schnee-Eier), für die man allerdings nicht zu satt sein darf, sie kommen alle in großen Portionen auf den Tisch! Die rue de l'Université zieht sich parallel zum quai d'Orsay durch ein ruhiges, bürgerliches Stadtviertel. Der Eiffelturm und der Invalidendom sind nicht weit, trotzdem ist La Poule au Pot ein eher verstecktes Bistro, wo Zufallsgäste selten sind. Ein kleiner vorderer Eßraum mit der klassischen Theke, hinter der Madame an der Kasse sitzt, etwas Messing, gußeiserne Säulen, in Ölfarbe gestrichene Decke, die Bänke mit dem brüchigen Kunstleder, weiß gedeckte Tische – es ist alles so, wie es sich für ein Bistro gehört, gleichzeitig aber unauffällig und bescheiden. Das sind auch die Preise; und so ist La Poule au Pot ein passabler Platz, wohin man sich zurückzieht, wenn man nicht gestört und nicht angeregt sein will und darüber hinaus keine Probleme mit dem Essen haben möchte.

Unauffällig bescheiden: die Einrichtung und die Preise.

Hier wird auf sympathische Weise gekocht, ohne allzu großen Anspruch.

REZEPTE AUS DEM LA POULE AU POT

Soupe à l'oignon gratinée

Zwiebelsuppe mit Käse

100 g feingehackte Zwiebeln in Butter bei leichter Hitze braten. Wenn sie schön goldbraun sind, mit einem Löffel Mehl bestreuen. Das Mehl etwas bräunen lassen, dann mit 1½ l Wasser aufgießen. Salzen, pfeffern und 10 Minuten kochen lassen. Einige feine Scheiben Weißbrot mit frischem Gruyère bestreuen und in die Suppenschüssel geben. Die Suppe hineingießen, die Schüssel zudecken und 10 Minuten bis zum Servieren warten.

Poule au Pot à la sauce de Sorges

Huhn im Suppentopf

mit einer Sauce von Kräutern und Eiern

Ein schönes dickes Huhn ausnehmen und absengen. Es soll so jung wie möglich sein, von einem Typ, der auf dem Lande gedeiht und dessen Fleisch besonders fein ist. Eine Füllung zubereiten: Die Leber des Geflügels zerdrükken und mit einer Scheibe zerbröseltem Brot, dem Blut (wenn Sie es aufgefangen haben) und etwas gehacktem Speck, einer Knoblauchzehe, Petersilie, Kerbel und einer Schalotte vermischen. Mit 1 – 2 Eigelb binden, salzen und pfeffern, und wenn die Füllung gut vermischt ist, in das Huhn geben. Die Öffnung zunähen. Von allen Seiten in etwas Gänse- oder Schweineschmalz anbraten und in einen Suppentopf geben. Mit kochendem Wasser auffüllen, salzen, pfeffern und eine mit Nelken gespickte Zwiebel, Karotten, Rüben, Porree, Sellerie, Mangold – kurz, jede Sorte Suppengemüse – hinzufügen.

Wenn alles fertig ist, den Schaum sehr sorgfältig abschöpfen und fest zugedeckt bei sehr mäßiger Hitze 2½ Stunden kochen lassen.

Wenn das Huhn gar ist – was sich sehr leicht feststellen läßt, indem man das Geflügel mit einer Nadel testet –, aus dem Topf nehmen und gut abtropfen lassen. Mit dem Gemüse zu beiden Seiten warm halten.

Die durch ein Sieb passierte Brühe kann über einige gegrillte Brotscheiben gegossen werden. Oder man kann in 10 Minuten Spaghetti darin kochen.

Was die sauce de Sorges betrifft, die zum gekochten Huhn gegessen wird: Es ist eine Vinaigrette aus Öl, Salz, Pfeffer, Schnittlauch, gemischten Kräutern und feingehackten Schalotten, unter die man 1 oder 2 gekochte Eier mischt. Die Eier werden entweder unter Asche gegart oder in kochendem Wasser 3 Minuten gekocht. Ich bestehe auf dem Garen unter der Asche, da der Erfolg der Sauce davon abhängt. Man fügt das Eiweiß (in der Brühe noch etwas länger gekocht und fein gehackt) hinzu.

CHEZ ANDRÉ

Küche	Ambiente
★	★★★

12, rue Marbeuf

(8e)

Tel. 47.20.59.57

Métro: Franklin

D. Roosevelt

Geschlossen:

Dienstag,

4. bis 26. August

Die Einrichtung stammt aus den dreißiger Jahren und ist vorwiegend rot.

Die feinen Modehäuser sind um die Ecke, die Champs Elysées nur hundert Meter entfernt. Kein Wunder, daß nicht wenige Gäste dieses Bistros auffällig elegant sind; vor allem abends bilden Pelze und Brillanten einen merkwürdigen Kontrast zu der schlichten Einrichtung. Sie stammt aus den dreißiger Jahren und ist vorwiegend rot. Milchglasscheiben trennen den großen Raum in zwei Abteile, ein riesiger Wandspiegel verdoppelt die betriebsame Szene. Es ist immer voll hier und laut. Sehr voll und

Das Ambiente zählt, das Essen weniger.

sehr laut, muß man sagen; denn von der bürgerlichen Behäbigkeit vieler Kleinrestaurants ist im André nichts zu merken. Die freundlichen Kellnerinnen leisten Bewundernswürdiges, der Patron, Monsieur Méthivier, flitzt zwischen den Tischen herum, an den Wänden stehen Gäste, die auf einen frei werdenden Tisch warten, und alle reden und reden und reden. In einer derart hektischen Atmosphäre spielt das Essen dann auch nur eine Nebenrolle. Wahrscheinlich achtet niemand darauf, wenn die Fische verbrannt sind,

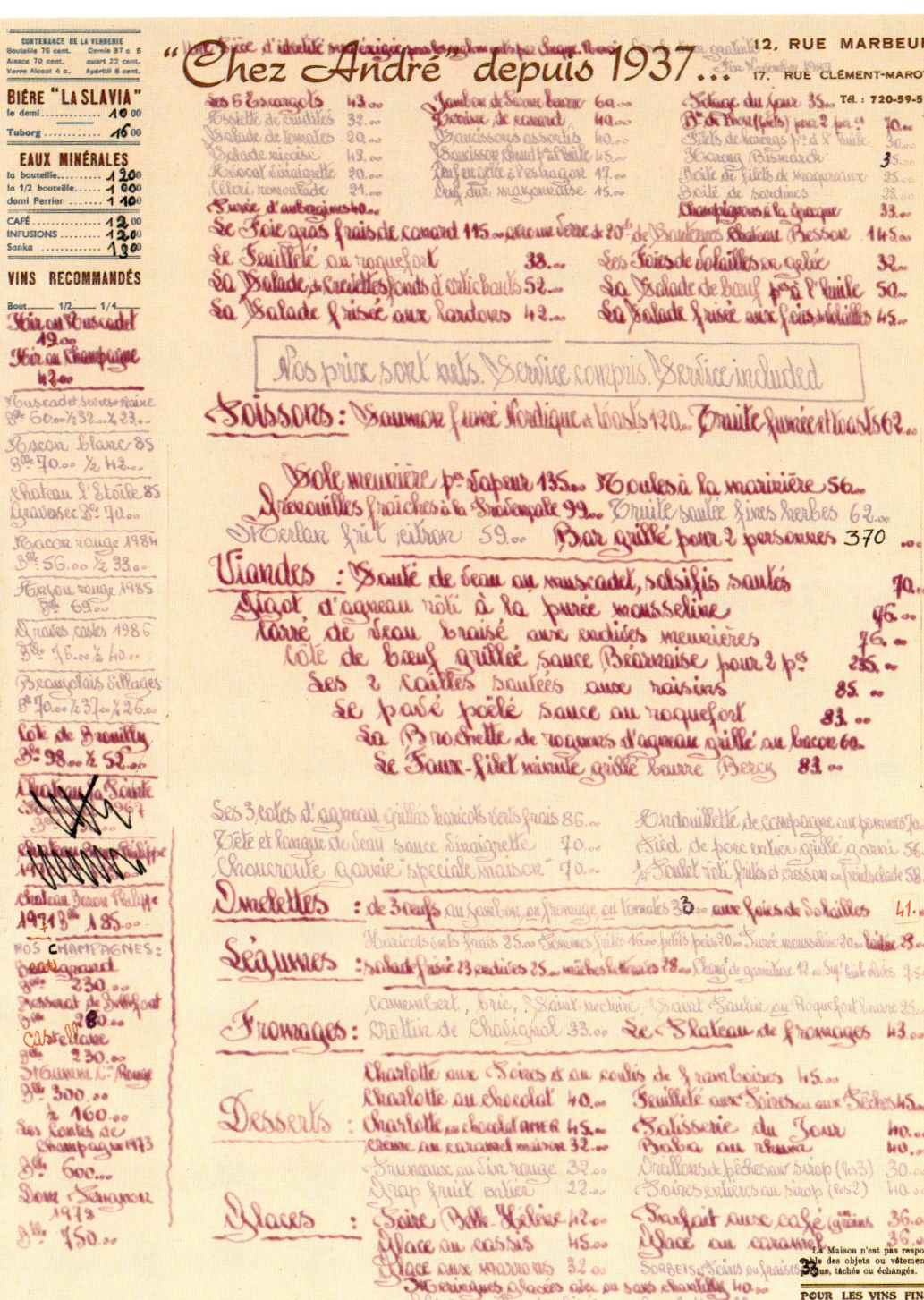

das Fleisch ohne Salz ist und der Pudding zu süß. Die Speisekarte, mit lila Tinte eng beschrieben, enthält alle klassischen Bistrospezialitäten wie Kalbskopf, Kalbshirn mit Kapern, den gegrillten Schweinsfuß, die Andouillette, Eier mit Majonnaise, Nieren am Spieß, Lammkeule mit Bohnen und noch hundert weitere Dinge. Im Winterhalbjahr machen sich die Gäste über riesige Platten mit Meeresfrüchten her. Doch die Attraktion von André ist nicht die Küche, sondern der Keller. Die Auswahl an gutem Bordeaux ist groß, die Preise für die zum Teil älteren Flaschen sind verblüffend niedrig. Man sieht auf den ersten Blick, an welchen Tischen Weinliebhaber von dieser Gelegenheit Gebrauch machen: vor ihnen stehen Gläser von besserer Qualität.

EIN REZEPT AUS DEM CHEZ ANDRÉ

Cervelle aux capres

Hirn mit Kapern

Kalbs- oder Schweinehirn von den Häuten und Blut befreien und 2 Stunden wässern. In kochendem Salzwasser mit einem kräftigen Schuß Essig 10 Minuten pochieren (pro Person 125 g).

Abtropfen lassen. Mit 1 EL Kapern und gehackter Petersilie bestreuen. 1 EL Butter mit einer Prise Zucker in einer Pfanne braun werden lassen und über das Hirn gießen. Die Pfanne mit einem Schuß Essig ausspülen, erhitzen und ebenfalls darübergießen.

L'ARTOIS

Küche	Ambiente
★ ★ ★	★ ★ ★

13, rue d'Artois (8e)
Tel. 42.25.01.10
Métro: St-Philippe-
du-Roule
Geschlossen:
Samstag
und Sonntag,
14. Juli
bis 1.September

Die Atmosphäre in diesem Bistro ist freundlich und gemütlich.

Ich weiß nicht, ob Monsieur Rouzeyrol von seinen Stammgästen Papa Isidore genannt wurde; aber es würde mich nicht wundern. So freundlich und gemütlich, wie er war, ist auch heute noch die Atmosphäre in diesem Bistro. Bis vor kurzem war das Artois ein richtiger Familienbetrieb. Hier kochte die Mutter, die Söhne, die Neffen – die Familie Rouzeyrol war groß, und alle waren begeisterte Gastronomen und hatten begeisterte Gäste. Nur wenige Schritte vom feinen Faubourg Saint Honoré entfernt, erscheint ein so solides und preiswertes Bistro kaum möglich. Doch schon die Lektüre der Speisekarte läßt ahnen, daß man hier die Schallmauer des Luxus rückwärts durchbrochen hat. Das Kalbshirn in brauner Butter, die gegrillten Sardinen, die Blutwurst, die Kutteln, aber auch andere Deftigkeiten, die nicht unbedingt zum Alltag der Kleinrestaurants gehören, verraten, daß hier nicht nach einer modischen Erfolgsformel gekocht wird, sondern nach dem persönlichen Geschmack und den ererbten Fähigkeiten der Familie Rouzeyrol und ihrer

Die Einrichtung aus den fünfziger Jahren ist bis heute nicht verändert.

Helfer. Seit den Fünfziger Jahren hat sich kaum etwas verändert. Viele Bilder an den Wänden, makellos weiße Tischdecken und geradezu luxuriöse Servietten, angenehmes Licht am Abend und eine kluge Auswahl an Weinen, von einem souveränen sommelier diskret serviert (bei den bescheidenen Preisen wäre pathetisches Gehabe fehl am Platz) – mithin alle Zutaten, die einen kleinen, aber nicht anspruchslosen Familienbetrieb aus der Masse der Konkurrenten herausheben. Mittags, wie immer in Bistros, ist es gerammelt voll von Gästen aus den umliegenden Büros und Geschäften, abends finden viele Angehörige der nahen Botschaften ihren Weg hierher. Ich empfehle, wenn schon nicht den Aperitiv, so doch den Kaffee oder den Digestiv an der Bar zu trinken. Der sommelier weiß, welcher Armagnac den jeweiligen Ansprüchen genügt; Madame sitzt in Reichweite hinter der Kasse und verströmt ihr Wohlwollen auf den gutgelaunten Gast, wie überhaupt der (weibliche) Service von nicht alltäglicher Freundlichkeit ist. Die Portionen sind, selbstverständlich, nicht klein, aber man verläßt dieses angenehme kleine Restaurant dennoch nicht mit dem Gefühl, zu viel oder zu schwer gegessen zu haben. Daß die zum Brot gereichte große Butterportion von feinster Qualität ist, daß die Schnecken zart und schön gewürzt, die Sardinen nicht trocken sind, die Seezunge »Isidore« eine Spezialität und die Lammkeule von wunderbarer Konsistenz und wunderbarem Aroma ist, das alles macht das Artois zu einer lohnenden Adresse.

Das Artois – eine lohnende Adresse zwischen den Champs Elysées und dem Faubourg Saint Honoré.

Restaurant Artois Isidore
Maison Rouzeyrol

13, Rue d'Artois et
10, Rue Frédéric Bastiat
Tél. (1) 42.25.01.10

Service 15% compris

Menu du 3 Novembre 87

Crevettes Bouquet frais Breton 82
Escargots de Bourgogne Dz. 78 1/2 40
Saumon fumé Danois toasts beurre 100
Oeufs de Saumon 54 Caviar Volga 100
Foie gras truffé 100 Foie de Canard 56
Les Rillettes d'Oie 42 Pâté de Tête 42
La Terrine Maison 48 Saucisse séche 42
Jambon d'Auvergne cornichons 50 Frittons 42
Les Charcuteries assorties par personne 52
Saucisson chaud pommes huile 48 Pamplemousse 35
Coeurs de Palmiers 37 Coeurs d'Artichauts 37
Céleri rémoulade 35 Salade Tomates, Concombre 35
Les Crudités 45 Oeuf Mayonnaise 35 Radis beurre 35
Filets harengs pommes huile 45 Sardines huile citron 35
Thon à l'huile Tomates 45   Hure de Sanglier 45

POISSONS

Moules (Bouchot) marinières au Sancerre 65
Sardines fraiches grillées avec beurre 42
Les Quenelles de Brochet Maison 70
Coquilles St Jacques fraiches sautées provencale 92
Petits Rougets de la Méditerrané grillés 92
Sole belle meuniére 96   La Sole Isidore 120
Turbot grillé béarnaise ou Maitre d'Hotel 120
Le Gratin de Langouste fraiche spécialité Maison 190

NOS PLATS

Gigot d'Agneau rôti haricots verts frais 70
Ris de Veau braisé aux épinards 91
Le Boudin de la Corréze grillé garni 45
Gratin de Jambon aux coeurs de laitue 70
Foie de Veau meuniére pommes vapeur 52
Cervelle de veau beurre noisette 48
Perdreau de Chasse frais rôti pour 2 personnes 200
Filet de Biche rôti flambéà l'Armagnagnac 90
Les Cailles rôties aux raisins frais spécialité 76
Poulet rôti vert pré le 1/4 garni 55
Le Coq au vin de Cahors spécialité Maison 75
Chateaubriand vert pré 82 Sauce Béarnaise 12
Entrecôte Bercy ou Marchand de Vin 76
Selle d'Agneau grillée haricots verts frais 75
Escalope de Veau pôlées aux endives 75
Le Pied de Porc grillé garni 45
Les Tripoux d'Aurillac de la Mére Lavergne 74
Le Confit d'Oie Pommes sautées pour 2 personnes ..195

LEGUMES

Cèpes frais sautés provencale 60 Endives meuniéres 30
Epinards à la crème 30 Pommes frites 20 Petits Pois 30
Salades Laitue, Battavia, Endives 30
FROMAGES   le plateau 35

DESSERTS

Gateau Artois 40 Framboises au sucre 50 Avec Crème 55
Pruneaux d'Agen chits au Cahors 42 Café Liégeois 40
Mousse au Chocolat Maison 40 Glace Vanille ou Café 40
Pêche ou Abricots Melba 22 Crème Marrons Chantilly 40
Tarte chaude Ananas 45   Tarte Pêche ou Abricots 42
Salade d'Orange au Tropic 42 Meringues Chantilly 40
Coupes de Fruits à la Fine 48 Pruneaux d'Agen à l'Armagna
48

---

*La Maison est fermée
le Samedi et le Dimanche*

Voir au Verso
notre Carte des Vins

VINS

BEAUJOLAIS MAISON

Bouteille 70
1/2 bouteille 42

MUSCADET SUR LIE

Bouteille 70
1/2 bouteille 42

CAHORS

Bouteille 76
1/2 bouteille 44

ROSÉ DE PROVENCE

Bouteille 70
1/2 bouteille ....

1/2 Eau Minérale.......15

Bière (33 cl.) 18

Café.................9

La Maison n'est pas responsable des
vêtements ou objets perdus, échangés
ou tachés.

REZEPTE AUS DEM ARTOIS

Coq au vin

Huhn in Weinsauce

Suchen Sie sich ein schönes Huhn aus. In Stücke zerlegen und 24 Stunden mit 2 großen Zwiebeln, 2 – 3 Karotten, 3 Knoblauchzehen – alle grob gehackt – und einem bouquet garni in einem kräftigen Rotwein marinieren lassen. Ein guter Cahors wäre genau richtig.

Gut 20 kleine Zwiebeln und einige Speckwürfel in frischer Butter kurz anbraten. Goldgelb braten lassen, aus dem Topf nehmen und beiseite stellen. 3 gehäufte Eßlöffel Mehl zu der Butter in der Kasserolle geben und unter Rühren zu einer braunen Mehlschwitze schmoren. Die Kasserolle von der Kochstelle nehmen. Das Huhn aus der Marinade nehmen, abtropfen lassen und in einer Pfanne kurz anbraten.

In der Zwischenzeit die Marinade 10 Minuten einkochen lassen. Die Geflügelstücke in die Mehlschwitze legen, gut umrühren, mit ½ Glas Armagnac aufgießen, flambieren und mit der passierten Marinade aufgießen.

Mit Salz und Pfeffer würzen. Die Zwiebeln und die Speckwürfel hinzufügen und ein frisches bouquet garni. Die Kochzeit ist unterschiedlich und ist vom Huhn abhängig. Die Sauce ist aber viel besser, wenn sie in zwei Phasen gekocht wird.

Sole »Isidore«

Seezunge »Isidore«

Den Boden einer feuerfesten Platte dick mit Butter ausfetten. Die Seezunge darauflegen. Mit feingehackter Schalotte und ¼ feingehackter Tomate bestreuen. Salzen und
pfeffern. Den Fisch mit einem guten trockenen Weißwein
bedecken – mit einem Sancerre zum Beispiel. Ein großes
Stück Butter hinzufügen und mit Semmelbröseln
bestreuen. 15–20 Minuten im Backofen backen, je nach-
dem, wie heiß der Backofen ist. Es ist wichtig, daß die Seezunge schön goldbraun gebacken ist und die Sauce eine
sämige Konsistenz hat.

JEAN-CHARLES ET SES AMIS

Küche	Ambiente
★ ★ ★	★ ★ ★

7, rue de
la Trémoille (8e)
Tel. 47.23.88.18
Métro: Georges V.
Geschlossen:
Samstag mittag
Ganzjährig
geöffnet

Jean-Charles Diehl und seine Mannschaft – ambitionierter Service in einem Bistro, das aus dem Rahmen fällt.

Es könnte vermutet werden, daß sich im Treffpunkt der Freunde des Jean-Charles Diehl einstmals ein junger Alain Delon lautlos bewegte und Jean Gabin langbeinige Blondinen vom nadelgestreiften Knie schubste. Sehr wahrscheinlich haben die Freunde des Jean-Charles – die heutige Klientel also – solche Filme gern gesehen. Denn dieses Bistro im Stil der zwanziger Jahre mit seinen schwarzen Lederbänken, den eleganten Marmorlampen und den schrägen Spiegeln wirkt zunächst überhaupt nicht wie ein Bistro, jedenfalls nicht wie eines von der biederen, bürgerlichen Sorte. Die Gäste geben sich denn auch große Mühe, nicht wie normale Bürger auszusehen – abends jedenfalls. Vom Nadelgestreiften mit dem

Pudel an seiner Seite über die langbeinigen Blondinen, den bärtigen Werbefritzen bis zur Szene-Clique reicht die Besetzung. Sogar der Service, mit dem alten Monsieur Paul an der Spitze, der wiederum die Leihgabe eines Londoner Filmstudios sein könnte, wirkt

wie die Komparserie aus »Casablanca«. Oder aus dem »Weißen Rößl«. Es liegt wohl an der Nachbarschaft mit den eleganten Modehäusern Dior, Balmain, Ricci. Das George V.

Jean-Charles – das Ambiente erinnert an alte Filme, aber das Essen ist überdurchschnittlich gut.

ist nur einen Steinwurf entfernt, und um die Ecke liegt »Edgar«, das Stammlokal der Regierungsmitglieder. Normalität ist hier also kaum zu erwarten. Um so überraschender ist die Lektüre der Speisekarte. Da ist alles verzeichnet, was einem Bistro Ehre macht, und die Preise sind, was man schon nicht mehr gehofft hatte, ebenfalls auf dem üblichen Bistro-Niveau. Für jeden Wochentag ist ein Tagesgericht festgelegt und dazu - eine hilfreiche und sympathische Geste – ein passender, preiswerter Wein. Wer immer da in der Küche steht, er muß aus dem Südwesten nach Paris gekommen sein; denn die Einflüsse dieser nahrhaften Region sind unübersehbar: eingemachtes Entenfleisch, Entenherzen und -mägen im sehr fein abgeschmeckten Salat, Pyrenäenkäse, ein vorzüglicher Madiran und für die Mittwochsgäste ein deftiges

cassoulet. Aber auch die Lyonnaiser Kochwurst mit warmen Linsen (die hier mit Senf und viel Pfeffer besonders lecker angemacht sind) wird angeboten. Die Fischgerichte werden häufig mit ausgefallenen Weinen angerichtet, und die Terrinen verraten bistro-unübliche Ambitionen. Das Erfreuliche an dieser Küche aber ist der Geschmack, der hier den Speisen mitgegeben wird. Ob der Wirsing zum Rochen, ob der Koriander zu den fraise de veau (Kalbsgekröse) oder die Karotten zum Kalbskopf (der hier als »der beste von Paris« angepriesen wird, mir aber etwas zu hart war), es schmeckt alles so, wie es schmecken muß, damit ich beim Aufstehen zufrieden sagen kann, ja, das war ein gutes Essen! Eine ungewöhnliche Spezialität sind die in Armagnac eingelegten Ziegenkäse, welche von Monsieur Paul in einem riesigen Steintopf an den Tisch geschleppt werden. Ihr Aroma ist eher deftig als delikat, aber dazu schmeckt der Madiran doppelt gut! Die Süßspeisen verraten Ambitionen; doch für die letzten Gäste gibt es eine Schokoladentorte eventuell nur noch aus dem Gefrierfach, wozu dann Hammer und Meißel leider nicht serviert werden.

Alles andere als bieder und bürgerlich: das Jean-Charles et ses amis

REZEPTE AUS DEM JEAN-CHARLES ET SES AMIS

Terrine de ris de veau aux amourettes

Kalbsbriespastete mit Mark

Bries

3 Kalbsfüße

1 kg Hoden

800 g Kalbsmark

(Knochenmark)

Die Kalbsbriese blanchieren und säubern. Die Hoden säubern (die Haut abziehen) und der Länge nach halbieren. Salzen, pfeffern und in eine tiefe Pfanne legen. Mit Zitronensaft beträufeln und bei leichter Hitze garen, damit der Saft ausläuft. Abtropfen lassen und beiseite stellen. Das Mark sorgfältig in viel Wasser waschen. Den sandigen Teil der Champignons entfernen. Die Champignons putzen und in Wasser mit etwas Zitronensaft, Salz und Pfeffer zum Kochen bringen und 2 Minuten kochen lassen. Danach das Mark hinzufügen und 5 Minuten weiterkochen lassen. Im Kochwasser aufheben. Die Kalbsfüße auf einem Bett von Karotten und Zwiebeln in 3 cl Öl bei sehr leichter Hitze glasig dünsten, mit Salz, Pfeffer und Estragon würzen und die Kalbsfüße darauf schmoren lassen, ohne sie zu bräunen. Mit ½ l Weißwein aufgießen, zudecken und 30 Minuten im Backofen (Gas Stufe 6) schmoren lassen. Die Kalbsbriese hinzufügen und 15 Minuten weiterschmoren lassen. Den Saft durch ein feines Sieb geben. Die Kalbsbriese und die Hoden in Scheiben schneiden. Das Kalbsmark und die Kalbsfüße entbeinen. Das Fleisch und die Champignons in ihrem Schmorsaft mit dem Bratensaft vermischen. Die in Streifen geschnittene Entenleber zugeben. Frischen Estragon hinzufügen. Erkalten lassen und in den Kühlschrank stellen, damit alles gelieren kann. Mit Toastscheiben servieren.

1 kg kleine Champignons

200 g Entenleber (rosa gebraten)

250 g Karotten

250 g Zwiebeln

30 g Butter

3 cl Erdnußöl

Saft von 3 Zitronen

½ l halbtrockener Weißwein

Salz, Pfeffer

frischer Estragon

Joue de raie au vin Jaune d'Arbois
Rochenflügel mit vin Jaune d'Arbois

GEMÜSEBRÜHE

l Wasser

große Zwiebeln, geviertelt und mit einer Nelke gespickt

Die Gemüsebrühe knapp zum Kochen bringen. Die Rochenflügel hinzufügen. Darauf achten, daß die größten Fischstücke als erstes pochiert werden. Nach 5 Minuten Kochzeit die restlichen Rochenflügel hinzufügen. 2 Minuten weiterkochen lassen. Aus dem Topf nehmen und kalt stellen.

Kräuter der Provence

1 bouquet garni

Salz, Pfeffer

(Kochzeit: 20 Minuten)

SAUCE
20 cl vin Jaune d'Arbois
100 g gehackte Schalotten
20 cl süße Sahne
125 g frische Butter
Salz, Pfeffer

Schalotten, Salz, Pfeffer und Wein in einem Topf zum Kochen bringen. Auf die Hälfte des Umfangs einkochen lassen. Die Sahne hinzufügen, erneut zum Kochen bringen und 10 Minuten kochen lassen. Von der Kochstelle nehmen und die Butter hineinarbeiten. Durch ein feines Sieb geben und im Wasserbad warm halten.

ZUBEREITUNG DES GRÜNBLÄTTRIGEN WEISSKOHLS

Nur die inneren Blätter eines grünblättrigen Weißkohls verwenden. Die größten Blätter entfernen und die Rippen ausschneiden. In kochendem Wasser garen, mit eiskaltem Wasser abschrecken. Abtropfen lassen. In Butter wenden, salzen und pfeffern.

Fraise de veau

Kalbsgekröse mit Koriander

2 cl Olivenöl
1 kg Kalbsgekröse
300 g nicht zu fein gehackte Zwiebeln
600 g in Würfel geschnittene Tomaten (brühen, abziehen und in Stückchen zerteilen,
dabei den harten gelben Kern zurück lassen)
10 g Korianderkörner
1 l halbtrockener Weißwein
Salz, Pfeffer
1 bouquet garni

Das Kalbsgekröse blanchieren: Wasser in einem Topf zum Kochen bringen, das Kalbsgekröse kurz aufkochen lassen und beiseite stellen. In Streifen schneiden.

Das Olivenöl in einer Kasserolle erhitzen und Zwiebeln und Tomaten mit Salz, Pfeffer und Korianderkörnern bei leichter Hitze dünsten lassen. Den Weißwein und das bouquet garni hinzufügen und bei sehr leichter Hitze 30 Minuten weiterschmoren lassen.

Die Gekrösestreifen in die Kasserolle geben. Mit ½ l Wasser aufgießen und 30 Minuten bei leichter Hitze schmoren lassen.

Mit Koriander bestreute Dampfkartoffeln dazu reichen.

AU PETIT RICHE

Küche	Ambiente
★ ★ ★	★ ★ ★ ★

25, rue le Peletier

(9e)

Tel. 47.70.68.68

Métro: Le Peletier

Geschlossen:

Sonntag

Ganzjährig geöffnet

*Im Au Petit Riche
ist das Paris der
Jahrhundertwende
noch zu finden.*

Ein Juwel! Authentischer und mindestens so pittoresk wie das benachbarte Musée Grévin, wo die Geschichte Frankreichs durch Wachsfiguren illustriert wird. Die Passage de Verdeau mit ihren Kuriositäten, Antiquariaten für Comics und Nostalgie-Trödel der dreißiger Jahre gehört ebenso zur Nachbarschaft wie die rue du Faubourg-Montmartre, wo modische Textilien aus zweiter Hand oder zu Billigpreisen verhökert werden. Hier ist das Paris der Jahrhundertwende noch zu finden, nicht festlich illuminiert wie die musealen Touristenziele, sondern in alltäglicher Funktion. Au petit Riche wurde 1880 eröffnet und hat sich seitdem kaum verändert. Wo im Parterre

(die oberen Räume sind nicht interessant) die alten Fliesen durch Mosaike ersetzt wurden, geschah das auch schon vor über fünfzig Jahren. Die Spiegelwände mit den Kleiderablagen aus Messing (die Garderobe gibt man jedoch ab), die bemalten Decken, die roten Polster der Bänke, die Holzvertäflungen, die riesigen Blattpflanzen an den Fenstern – die Atmosphäre könnte nicht echter sein. Hier haben schon die Surrealisten gesessen und vor ihnen wer weiß wer. Man wundert sich, daß die Herren keine hohen Zylinder und schwarze Vollbärte tragen. Am späten Abend kommen aus den umliegenden Theatern die Schauspieler und Zuschauer; und wer noch nach Mitternacht für ein Dutzend Austern hier einkehrt, wird nicht allein sein. Au petit Riche ist kein kleines Familien-Bistro, sondern ein professionell geleiteter Großbetrieb, doch das fällt wegen der abgeteilten Räume zunächst nicht auf. Die Küche ist durchorganisiert, was im schlimmsten Fall bedeutet, daß die Sauce zum œuf en meurette auch zum gefüllten Kaninchenrücken serviert wird und die Salatsaucen konfektioniert schmecken. Dafür gibt es eine hausgemachte Entenleberpastete; warmen Ziegenkäse auf Salat; freitags eine erstklassige brandade de morue, das Stockfischpüree aus Südfrankreich,

das hier endlich einmal gut gewürzt und fast luftig-leicht ist. Weitere Spezialitäten sind der mit Backpflaumen gefüllte Kaninchenrücken sowie alle Desserts, die, vom

Die Weine kommen fast alle von der Loire.

Au Petit Riche wurde 1880 eröffnet und hat sich seitdem kaum verändert.

hauchdünnen warmen Apfelkuchen, den man am Anfang des Essens bestellt, bis zur Schokoladentorte überdurchschnittlich gut sind. Die Weinkarte verrät eher als die Speisekarte den regionalen Akzent dieses Bistros; es ist die Loire, deren Weine gut vertreten sind. Der Service ist sportiv und willig, die Preise niedrig und das ganze Ambiente - um es noch einmal zu sagen - eines der schönsten von Paris.

REZEPTE AUS DEM AU PETIT RICHE

Râble de lapereau aux pruneaux et pâtes fraîches

Jungkaninchenrücken

mit Backpflaumen und frischen Nudeln

FÜR 4 PERSONEN
2 Jungkaninchen-
rücken
25 entkernte Back-
pflaumen von Agen
1 l Kalbfleischbrühe
½ l Rotwein
Salz, Pfeffer

Die Kaninchenrücken vorsichtig entbeinen, damit das Fleisch unversehrt bleibt. Aufschneiden und mit je 10 Backpflaumen füllen. Salzen und pfeffern. Die Kaninchenrücken zusammenklappen. Mit dem Schweinenetz umhüllen und mit einem Bindfaden einschnüren. Einige Minuten im Backofen goldbraun braten. Aus dem Brattopf nehmen. Die Knochen einlegen und kurz anbraten. Mit der Kalbfleischbrühe aufgießen. Die restlichen Backpflaumen hinzufügen.

Das Ganze in einen Topf geben. Bei leichter Hitze einkochen lassen. Im Mixer pürieren. Die Sauce durch ein Sieb streichen. (Die Backpflaumen helfen, die Sauce zu binden.) Die Nudeln kochen (7 Minuten). Auf ein Sieb geben. Sahne hinzufügen. Mit Salz und Pfeffer würzen.

8 Karotten,
olivengroß
geschnitzt
(»carottes tournées«)
200 g frische
Bandnudeln
100 g Schweinenetz
1 dl Cognac

Die Kaninchenrücken in Scheiben schneiden und mit den Nudeln umkränzen. Mit der Sauce bedecken.

Beurre blanc

Buttersauce

Langsam gedünstete Schalotten, Weißwein, Weinessig, Pfefferkörner und 200 – 250 g weiche Butter einmontieren.

TIP DES CHEFS

1 EL Sahne mit den weichen Schalotten zum Kochen bringen, bevor Sie die Butter hinzufügen.

Brandade de Morue aux choux

Stockfischpüree mit Wirsing

FÜR
4-6 PERSONEN
700 g Stockfisch
1 Wirsing
Knoblauch

Den Stockfisch 24 Stunden wässern. Das Wasser 3 – 4 mal erneuern. In kalter Milch aufsetzen, zum Kochen bringen. Abschrecken, dann in Milch kochen, bis das Fleisch zerfällt. Sorgfältig entgräten. Während der Stockfisch kocht, den Knoblauch in Olivenöl einlegen. Den Stock-

Crème fraîche
Milch
Olivenöl
Pfefferkörner
Fischbrühe

fisch und den Knoblauch (vorher im Mixer püriert) vermischen. Das Olivenöl und etwas Crème fraîche in einem dünnen Strahl hinzufügen und mit dem Stockfisch vermischen. Mit einer Prise Pfeffer würzen. Kalt stellen.

Die schönsten Kohlblätter nehmen. In kochendem, gesalzenem Wasser blanchieren. Mit kaltem Wasser abschrecken und kalt stellen.

Den Stockfisch zu Kugeln von etwa 150 g formen. Jede Kugel mit einem Kohlblatt umwickeln (die Rippe vorher entfernen). Auf einer Platte wieder aufwärmen. Mit etwas Fischbrühe anfeuchten. Das Stockfischpüree mit einer Buttersauce servieren.

Gâteau au chocolat
Schokoladencremetorte

FÜR

10 PERSONEN

700 g bittere

Schokolade

40 g Butter

25 cl Milch

50 cl Schlagsahne

100 g Zucker

3 Eier

60 g Mehl

35 g Kakaopulver

140 g Haselnüsse

1 genuesischer

Tortenboden

(siehe Rezept)

Die Schokolade in Stücke teilen und mit der Butter in einem Wasserbad zum Schmelzen bringen. Die kochende Milch hinzufügen. Mit dem Schneebesen glattrühren und erkalten lassen.

Den Tortenboden in Springformen legen (auf einer glatten Fläche arbeiten). Die Sahne steif schlagen und mit der Schokoladencreme vermischen. Den Elektro-Quirl auf Stufe 3 schalten. Die Creme in die Formen gießen. In die Tiefkühltruhe stellen (−30°).

Unmittelbar vor dem Auftragen mit dem Kakaopulver bestreuen. Die Torte stürzen und mit den Haselnüssen verzieren.

Genoise

Genuesischer Kuchen

Die Eier schlagen. In einer großen Kupferschüssel zube- *16 Eier*
reiten (die Schüssel vorher mit grobem Salz und Essig *500 g feiner oder*
säubern). Den Zucker hinzufügen und vermischen. Die *Kristallzucker*
Mischung auf der Seite der Kochplatte oder in einem Was- *500 g Mehl*
serbad erhitzen. Dickschaumig schlagen, bis die Creme *(durch ein Sieb*
auch lauwarm ist (40°). Geben Sie acht, daß Sie die *passiert)*
Creme am Anfang nicht zu stark erhitzen; sonst stocken
die Eier auf dem Schüsselboden. Wenn die Creme dicklich ist, die Schüssel von der Hitzequelle entfernen. Mit
dem Schneebesen weiterschlagen, bis die Creme kalt ist.
Den Schneebesen säubern. (Dazu den Schneebesen
durch etwas gesiebtes Mehl auf einem Butterbrotpapier
ziehen.)

Das Mehl durch ein Sieb auf die Creme pudern und mit
Hilfe eines mittelgroßen Schneebesens darunterziehen.
Die Schüssel dabei drehen. (Auf diese Weise kann man
den Teig besser rühren und heben.) Die mit Butter ausgefettete und mit Mehl ausgestreute Springform bis zu
2/3 Höhe mit dem Teig füllen. Den Boden der Form als Mu-
ster benutzen, um einen Papierkreis zum Auslegen der
Form auszuschneiden. Die Form mit Butter bestreichen,
erstarren lassen und mit Mehl ausstreuen. Dic Form vorbereiten, bevor mit dem Kuchen begonnen wird.

ANMERKUNGEN

Wenn möglich, den Kuchen am Vortag zubereiten, damit
er sich besser schneiden läßt.

Man rechnet normalerweise: 2 Eier für eine Form für 4 Personen, Ø 18 cm; 2½ Eier für eine Springform für 6 Personen, Ø 20 cm; 3 Eier für eine Springform für 8 Personen, Ø 22 cm usw., damit man das Endergebnis einkalkulieren kann. Z.B. für 16 Eier: 6 Formen für 6 Personen, Ø 20 cm.

BACKZEIT

Leichte Hitze: 180° – Tür nicht öffnen – ungefähr 20 Minuten. (Um festzustellen, ob der Kuchen gar ist, mit einem Finger in der Mitte leicht drücken. Der Kuchen soll zurückspringen. Man hört ein leichtes Knistern.)

Für den Pâtissier: Der Genuesische Kuchen wird mit einer Vanillesauce serviert (Crème Anglaise). Für 8 Personen ½ l zubereiten.

Einen genuesischen Kuchen mit 2 Eiern zubereiten, das heißt, 2 Formen für 4 Personen. Den schöneren Kuchen servieren.

Den Kuchen auf einer runden Platte mit Spitzendeckchen anrichten. Die Sauce separat in einer Sauciere servieren.

CHARDENOUX

Küche	Ambiente
★ ★ ★	★ ★ ★ ★

1, rue Jules Vallès
(11e)
Tel. 43.71.49.52
Métro: Charonne
oder
Faidherbe Chaligny
Geschlossen:
Samstag
und Sonntag,
August

Es muß einer schon die Nase eines Trendsetters haben, um hier im 11. Arrondissement, am Boulevard Voltaire, und zwar an seinem unattraktiven Ende (wenn er denn irgendwo attraktiv sein sollte), um also in einem Stadt-

viertel wie diesem ein Bistro von der nicht alltäglichen Art zu installieren. Monsieur Marc Souvrain, der derzeitige Patron, ist Architekt und vertraut darauf, daß auch diese Gegend à la mode wird wie das Quartier der

Bistro Chardenoux: für Trendsetter und Feinschmecker, die eine stilvolle Umgebung und niedrige Preise zu schätzen wissen.

nicht allzu weit entfernten Bastille. Also hat er das alte Bistro unverändert gelassen und damit für die Erhaltung eines selten originalen Restaurants gesorgt. Die bunte Theke hat noch einen echten zinc, also noch die stumpfe, alte Zinkauflage aus der Zeit der Jahrhundertwende. Der Jugendstil, der hier die Decken und Wände überzieht und auch sonst das alles beherrschende dekorative Element ist, zeichnet sich nicht durch die raffinierte Schönheit aus, wie sie bei Benoit zu finden ist, und hat nicht die überwältigende Pracht einer Brasserie Bofinger. Es ist die bürgerlich-barocke Variante, die schon bei ihrer Entstehung nicht als Musterbeispiel für den reinen Stil gegolten haben kann. Um so origineller wirkt das alles heute auf uns. Und da auch die Anstreicher in den letzten Jahrzehnten am Chardenoux nichts verdient haben, geht die Authentizität dieses winzigen Lokals weit über die der restaurierten Schaustücke im Stadtzentrum hinaus. Verständlich, daß ein Restaurant in dieser Lage den Gästen

Bürgerlich-

Barockes am Boule-

vard Voltaire.

den Anmarschweg durch niedrige Preise versüßen muß.
Sie sind tatsächlich wohltuend bescheiden und lassen
beim Studium der Karte nicht vermuten, daß auch die
Küche Qualitäten anstrebt, die ein weiteres Motiv für
einen Besuch in der rue Jules Vallès sein können. Keine

Gourmet-Küche, das wäre nicht zu erwarten, aber die
Sorgfalt, mit der hier gekocht und gebacken wird (ja,
vor allen Dingen gebacken!), ist nicht alltäglich. Eine so
simple Sache wie die in Rotwein pochierten œufs en
meurette habe ich nur ganz selten (und nicht in Paris)

Der Jugendstil ist das alles beherrschende dekorative Element.

in einer so leichten und gleichzeitig so schön gewürzten Rotweinsauce gegessen. Die poireaux vigneronne (gedünstete kalte Lauchstangen in einem säuerlichen Sud) waren mit einer Delikatesse zubereitet, die eines Spargels würdig gewesen wäre. Und wenn eine gebratene Blutwurst so ästhetisch mit Apfelschnitzen angerichtet wird und zugleich so angenehm gewürzt ist, dann sind die vergleichbaren Beispiele rar. Das ist denn auch das Kennzeichen dieser Küche, die durchaus im Rahmen des Bistro-Repertoires bleibt, daß hier den Dingen ein wenig mehr Aufmerksamkeit geschenkt wird als dort, wo sich die Gäste drängeln. Vollends die Desserts: die wunderbare warme Apfeltorte, die köstlichen cerises à la savoyarde, die sehr feine Schokoladenschnitte mit dem Kastanienmus in Vanillesauce und die clafoutis, der Brandteigauflauf, der hier nicht auf die traditionelle Art mit Kirschen, sondern mit Backpflaumen gemacht wird... Auf der kleinen Weinkarte läßt sich eine Vorliebe für Loire-Weine ausmachen, ohne daß das preiswerte

Keine Gourmet-Küche, aber sorgfältige Zubereitung und viele Überraschungen.

Die kleine Weinkarte: vor allem etwas für Liebhaber von Loire-Weinen.

Angebot sehr üppig wäre. Doch der Vouvray ist frisch und leicht, die Serveuse jung und freundlich, und die nächsten Metro-Stationen sind so nah, daß man in zehn Minuten wieder an der Place de la Madeleine sein kann.

EIN MENÜ AUS DEM CHARDENOUX
VORSPEISE
Œufs en meurette
Pochierte Eier in Rotweinsauce

FÜR 6 PERSONEN
12 sehr frische Eier
3 Glas guter
Beaujolais
1 Glas Weinessig
3 EL gehackte
Schalotten
200 g feingehackte
Champignons
200 g kleine Speck-
würfel
1 TL gem. Pfeffer
12 Scheiben
Roggenmischbrot
Butter, Salz
300 cl Fond aus
Rotwein

DIE BRÜHE
etwas Hühnerklein
2 Karotten
3 Zwiebeln
1 Stange Sellerie
60 g Butter
1 TL Mehl
0,6 l Beaujolais
1 bouquet garni

Mit der Zubereitung der Brühe anfangen. Das Hühnerklein in kleine Stücke schneiden. In einem Schmortopf mit wenig Butter anbraten und mit den Karotten- und Selleriestückchen sowie den in Würfel geschnittenen Zwiebeln goldgelb braten.

Wenn das Ganze goldgelb ist, das Mehl hinzufügen. Danach den Wein und das bouquet garni in den Topf geben. Bei leichter Hitze 30 Minuten kochen lassen. Die Brühe durch ein Sieb streichen.

In einem Topf den Beaujolais mit den gehackten Schalotten und dem Pfeffer auf die Hälfte einkochen lassen. Danach die Rotweinbrühe hinzufügen und salzen. 2 l gesalzenes Wasser mit dem Essig in einen anderen Topf gießen. Die Eier nacheinander auf eine Untertasse schlagen. Das Essigwasser knapp zum Kochen bringen und die Eier nacheinander in das Wasser geben. 3½ Minuten pochieren und auf einem Tuch abtropfen lassen. Die Brotscheiben in etwas Butter braten.

Die Eier auf den Brotscheiben anrichten und mit der Sauce bedecken (die Champignons und die Speckwürfel braten und mit der Sauce vermischen).

Sofort auftragen, damit die Brotscheiben nicht weich werden.

Clafoutis
Kirschenmichel

FÜR 6 PERSONEN

600 g entkernte schwarze Kirschen

100 g Zucker

75 g Mehl

2 Eier

Die Kirschen in eine flache, ausgebutterte Backform legen. Alle anderen Zutaten zu einem glatten Teig ohne Klumpen verrühren und über die Kirschen gießen. Mit Zucker bestreuen und im heißen Ofen ungefähr 30 Minuten backen. Der Teig soll eine goldbraune Oberfläche haben. Möglichst heiß servieren.

¼ l Milch

1 Prise Salz

Butter

abgeriebene Zitronenschale

KALTES VORGERICHT
Poireaux vigneronne
Porree nach Winzerinnen Art

Das Rezept ist für eine hauseigene Version von Porree in Vinaigrette.

Ganz frischen Porree von Créances oder Nantes kaufen. Den Porree säubern, dabei die Wurzeln und die Blätter abschneiden. In gesalzenem Wasser kochen. Abtropfen lassen, mit einem Tuch abtrocknen und in 2 cm dicke

Scheiben schneiden. Auf einem vorher mit einem Wein-
blatt ausgelegten Teller in Form einer Weintraube arran-
gieren. Mit einer Vinaigrette aus Weinessig, mit etwas
Rote-Bete-Saft vermischt, umgeben.

HAUPTGERICHT

Aligot

Kartoffelpüree mit Käse und Knoblauch

Ein Rezept aus der Auvergne, aus Kartoffeln, Knoblauch
und Cantal hergestellt. Der verwendete Käse soll noch
nicht ausgereift sein, deswegen verwendet man einen frischen »tomme«, bevor er abgelagert wird (der beste ist
der »tomme« von Planèze).

Für sechs Personen ein Kartoffelpüree aus 1 kg mehligen
Kartoffeln herstellen. 1 bis 2 zerdrückte Knoblauchzehen
und 1 EL zerlassenen fetten Speck hinzufügen.

Ausreichend Milch, damit das Püree locker wird. 600 g frischen »tomme« von Planèze oder Laguiole in dünne
Streifen schneiden. Das Püree ins Wasserbad setzen oder
bei leichter Hitze erwärmen. Den Käse unter kräftigem
Rühren mit einem Holzlöffel hinzufügen. Der Aligot ist
fertig, wenn die Mischung homogen und glatt ist und
Fäden bildet. Sehr heiß mit Hilfe eines Spachtels servieren. Mit Würstchen aus der Auvergne oder mit einer
gegrillten Andouillette servieren.

DESSERT

Cerises à la savoyarde ou Cerises »Jubilee«

Kirschen nach Savoyer Art oder Kirschen »Jubilee«

1 Pfund schöne entkernte Schattenmorellen aus dem
Schwarzwald in etwas heißer Butter schwenken. Außerhalb der Saison tiefgekühlte Kirschen oder Kirschen aus
dem Glas verwenden (gut abtropfen lassen). 1 EL Puderzucker sowie den Saft einer halben Apfelsine und einer
halben Zitrone hinzufügen.

Sobald die Kirschen zu karamelisieren anfangen, mit
einem halben Glas Grand Marnier flambieren.

Die heiße Obstmischung auf schönen Vanilleeiskugeln
servieren.

LE TRAIN BLEU

Küche
★ ★

Ambiente
★ ★ ★ ★

Gare de Lyon,
1er Etage,
20, bd Diderot (12e)
Tel. 43.43.09.06
Métro:
Gare de Lyon
Ganzjährig geöffnet

Das Restaurant in der ersten Etage des Gare de Lyon ist
kein Bistro, sondern das schönste Bahnhofsrestaurant
der Welt. Aber was heißt Bahnhof – es ist überhaupt eine
atemberaubende, unvergleichbare Schönheit. Die Sum-
mierung der überwältigenden Dekorationen der Belle
Epoque, die Farbenpracht, das üppige Gold an der

Atemberaubende,
unvergleichbare
Schönheit im schön-
sten Bahnhofs-
restaurant der Welt.

(5 Meter hohen!) Decke, die riesigen Fresken aus dem
gesellschaftlichen Leben um die Jahrhundertwende
(Kenner werden Sarah Bernhardt entdecken), diese
denkmalgeschützte Pracht einer vergangenen Epoche
hat für den hight-tech-geschädigten Zeitgenossen einen
mehr als nostalgischen Reiz. Ludwig II. hätte das Ganze
nicht bunter und nicht wahnwitziger inszenieren können. Woanders zahlt man Eintritt, um so etwas zu sehen.
Wer möchte sich nicht davon überzeugen, was die in
Deutsch gedruckte Lokalbeschreibung ankündigt: »Die
Gesamtheit der Gemälde gibt, was die Schöpfer dieses
Dekors wünschten, leuchtende Landschäfter der Bahn-
verbindungen«. Diese Schatzkammer muß man einfach
sehen, wenn man in Paris ist. Deshalb hat Le Train Bleu

seine Berechtigung in der Versammlung der billigen Bistros, obwohl seine Preise über denen der meisten Bistros liegen. Doch ein Krösus muß man auch hier nicht

sein, trotz des beträchtlichen Aufwands, der von Monsieur Chazal, dem Pächter, und seinem Sohn getrieben wird. Die Küche war in den letzten Jahrzehnten eher mittelmäßig. Das hat sich jedoch geändert;

Prunkvoll wie bei Ludwig II.: die Einrichtung des Le Train Bleu.

weniger der Stil als die Ausführung. Die Speisekarte enthält, wie es sich der eilige Reisende wünscht (die TGVs in Richtung Süden starten unterhalb der Restaurantfenster), leichte und einfache Dinge wie eingelegte Heringe, ein saucisson chaud lyonnais mit zwei Salaten, von denen einer ein fein gewürzter Linsen-, der andere ein ebenso appetitlicher Kartoffelsalat ist. (Die Wurst stammt von dem Produzenten, der auch Bocuse in Lyon beliefert.) Also eindeutige Bistroküche mit Lyonnaiser Einfluß. Monsieur Chazal stammt aus Chablis, deshalb wird die Andouillette hier in Chablis geschmort und mit gegrillter Blutwurst und gedünsteten Äpfeln serviert. Die Modernisierung der Küche macht sich bei der halben Ente in Cidreessig mit Pflaumen und Feigen bemerkbar, wozu ein Apfelgratin gereicht wird, welcher überraschenderweise – und höchst angenehm! – mit Knoblauch parfümiert ist. Die Merkmale der provençalischen Küche bei einigen Gerichten (carrée d'agneau; brochette de lotte à la monégasque) deuten auf eine schlanke Küche hin; für kalorienbewußte Esser gibt es sogar

Schlanke Küche für kalorienbewußte Esser – es gibt sogar eine Spezialkarte.

Die Pracht einer vergangenen Epoche hat für high-tech-geschädigte Gäste einen nostalgischen Reiz.

einige Spezialgerichte. Die Weinkarte ist gut sortiert, der Calvados von Groult erstklassig, die Profiterolles sind hausgemacht, und die Sorbets stammen vom besten Produzenten in Paris, von Berthillon auf der Ile Saint-Louis, vor dessen Laden die Leckermäuler sogar im Winter Schlange stehen. Die Leistungen der Küche sind inzwischen so, daß die bisher vorgebrachte Entschuldigung »Am Sonntag sind ja alle guten Bistros geschlossen« für einen Besuch im Le Train Bleu nicht mehr nötig ist. Wer sich in der prächtigen Umgebung mit den geräumigen Platzverhältnissen nicht wohl fühlt, dem ist nicht zu helfen.

Überwältigende Pracht und üppiges Gold an der meterhohen Decke.

Le Train Bleu

Classé monument historique

REZEPTE AUS DEM LE TRAIN BLEU

Soufflé de barbue aux morilles

Glattbuttsoufflé mit Morcheln

Das durch ein Sieb gestrichene Glattbuttfleisch mit einem Spachtel verarbeiten, salzen und pfeffern. Die Eier nacheinander hinzufügen. Die Crème fraîche vorsichtig darunterziehen. Wenn die Mischung fest ist, in mit Butter ausgefettete Förmchen füllen. 6 Stunden im Kühlschrank ruhen lassen.

BACKEN

20 Minuten im Wasserbad backen, stürzen und mit Morcheln in Sahne servieren.

FÜR

10 PERSONEN

1 kg Glattbuttfilets

Salz, Pfeffer

4 Eier

1 l Crème fraîche

ZUM ANRICHTEN

PRO PERSON

150 g Morcheln

⅛ l Sahne

Côte de veau poêlée foyot

Gebratenes Kalbskotelett mit Käse

PRO PERSON

1 ziemlich dickes

Kalbskotelett (250 g)

1 kleine ausgehöhlte

Tomate – gesalzen

und gepfeffert, mit

Semmelbröseln,

Petersilie und Butter

gefüllt

Das Kalbskotelett salzen und pfeffern, in Mehl wenden und bei leichter Hitze auf einer feuerfesten Platte in Butter braten. Nach der halben Bratzeit das Kotelett wenden und die Paste darauflegen. Die Tomate danebensetzen und im Backofen garen lassen. Dabei häufig mit dem Bratfett begießen, bis das Fleisch goldbraun ist.

Das Kotelett und die Tomate auf einer Platte anrichten. Die gehackte Schalotte in das Bratfett geben. Mit ½ dl trockenem Weißwein und der gleichen Menge eines guten Kalbsfonds ablöschen.

Auf die Hälfte des Volumens einkochen lassen. Unter vor-

20 g feine

Semmelbrösel

30 g geriebener

Gruyère

20 g Butter

Semmelbrösel, Käse

und Butter zu einer

Paste vermischen.

Zur Form des Kalbs-

koteletts formen und

kalt stellen.

sichtigem Rühren 30 g Butter hinzufügen. Von der Kochstelle nehmen und die Sauce binden. Das Kalbskotelett
damit bedecken. In wenig Butter geschwenkte Tagliatelle
getrennt dazu reichen.

Saumon braisé au champagne
Geschmorter Lachs mit Champagner

FÜR

8 PERSONEN

1 Lachs (2 kg)

250 g Schalotten

¾ l Crème fraîche

2 dl Saucenfond

von Fisch

1 Flasche

Champagner

Den rohen Lachs enthäuten. Eine feuerfeste Platte mit
Butter ausfetten. Den Lachs mit den gehackten Schalotten darauflegen.

KOCHEN

Den Lachs bei leichter Hitze 45 Minuten schmoren lassen. Nach der halben Schmorzeit mit dem Champagner
aufgießen und häufig während des Schmorens mit dem
Saft begießen.

SAUCE

Wenn der Lachs gar ist, auf einer Servierplatte anrichten.
Den Fischsud mit dem Champagner und den Schalotten
sehr stark einkochen. Den Fond und die Crème fraîche
hinzufügen. Noch einmal etwas einkochen lassen; den
Topf dabei schütteln. Die Sauce durch ein Sieb streichen.
In Sahne pochierte Gurken als Beilage zum Lachs servieren.

Terrine de saumon à l'oseille

Lachspastete mit Sauerampfer

FÜR
15 PERSONEN

Einen Lachs von 2 kg ausnehmen und waschen. Die 2 Filets auslösen und in 1–2 cm breite Schnitzel schneiden. Mit wenig Salz und Pfeffer würzen.

Eine Füllung zubereiten: 1 kg Merlanfilets mit einem Spachtel verarbeiten – 5 Eiweiß und 600 g Crème fraîche, Salz und Pfeffer. Durch ein Sieb streichen. 200 g rohen, mit einer Schere geschnittenen Sauerampfer hinzufügen. In eine gebutterte Pastetenform abwechselnd Schichten von Lachsschnitzel und Füllung geben. Die Pastete 4–5 Stunden im Kühlschrank ruhen lassen, danach bei leichter Hitze im Wasserbad eine ¾ Stunde backen.

Entweder kalt servieren mit Mayonnaise oder grüner Sauce oder warm auftragen mit beurre blanc (Buttersauce) oder sauce mousseline.

L'ASSIETTE

Küche	Ambiente
★ ★ ★ ★	★ ★

181, rue
du Château (14e)
Tel. 43.22.64.86
Métro: Gaîté
Geschlossen:
Montag
und Dienstag,
August

War früher mal ein

Feinkostladen:

das L'Assiette in der

Rue du Chateau.

Dieses Bistro war früher einmal eine Charcuterie, ein Feinkostladen. Die bunte Glasdecke im ersten Raum und gewisse Relikte der früheren Ladeneinrichtung, wie Wursthaken und Eisensäulen, zeugen noch von der Vergangenheit. Darüber hinaus verbreiten die simplen Tische mit den schmalen Stoffdeckchen, die Holzstühle und die ungehemmt wuchernden Topfpflanzen hinter den Milchglasfenstern den Eindruck legerer Schlichtheit.

Die Einrichtung ist

schlicht und leger,

das Essen schmeckt

wie im Gourmet-

tempel.

Leger ist auch das Publikum, aber weniger schlicht als in ähnlichen anderen Bistros. Intellektuelle und die etablierte Bohème des Montparnasse bilden hier die Stammgäste, und besonders gegen zehn Uhr abends füllt sich das kleine Lokal mit Gästen, welche von der Wirtin wie alte Bekannte begrüßt werden. »Lulu« Rousseau mit der dunkelroten Baskenmütze auf den Locken ist eine quicklebendige, kleine Person, die ganz hervorragend kocht. Ihre hausgemachte foie gras de canard ist eine große Delikatesse, wie sie auch den Starköchen nicht besser gelingt. Wenn Madame Entenbrüste trocknet und in

dünnen Scheiben auf Salat serviert, dann sind die nicht wirklich trocken, sondern zart und delikat. Sie ändert ihre Speisekarte ständig, weil ihr das Kochen Spaß macht und sie voller Ideen steckt. So wenn sie zur perfekt gebratenen Kalbsleber Kürbisstücke serviert oder die gebratene Blutwurst mit karamelisierten Äpfeln und Bratkartoffeln in eine fabelhafte Leckerei verwandelt. Sie scheut sich auch nicht, bei manchen Gerichten das Terrain (und die Preise) der Feinschmeckerküche anzuvisieren, was ihr wunderbar gelingt. Rühreier mit Seeigeln gehören dazu, ihre Coquilles Saint-Jacques und auch schon mal

Lulu Rousseau
überrascht ihre Gäste
mit fantasievollen
Gerichten, die stän-
dig wechseln.

ein Hummerragout. Im Winter hat sie eine spezielle Wildkarte. Aber auch eine einfache, gegrillte Thunfisch-
schnitte auf Chicorée hat die gleiche Eigenschaft wie
alle anderen Dinge, die aus ihrer Küche kommen: sie
sind sorgfältig aus frischen Produkten zubereitet und
souverän abgeschmeckt. Ihre Küche steht eindeutig
über dem Niveau der meisten Bistros. Die Weinkarte
ist bescheiden, der Service nicht weniger leger als
die Gäste.

Apple Crumble,

ein köstliches Dessert

im L'Assiette.

LA ROUTE DE BEAUJOLAIS

Küche	Ambiente
★★	★

17, rue de Lourmel

(15e)

Tel. 45.79.31.63

Métro: Dupleix

Geschlossen:

Sonntag

Ganzjährig geöffnet

Die rue de Lourmel und das sie umgebende Quartier sind nicht gerade interessant zu nennen; andererseits ist es nicht weit bis zu den Arbeitsplätzen der Bistro-Routiniers. Das Gebäude des staatlichen Rundfunks RTF, der Trocadéro und der Invalidendom sind gleich nah. Also kehren in diesem sehr schlichten Bistro nicht nur die Lederjacken ein, sondern auch Gäste, die möglicherweise Besseres gewohnt sind. Dabei essen sie hier gar nicht mal schlecht, billig schon. Zwar ist ein größerer kulinarischer Anspruch nicht zu entdecken, doch der gute Wille ist vorhanden. Und der bedeutet, anders als in der Kunst, in der Küche schon viel. La Route de Beaujolais ist eine Kneipe, und das bedeutet, daß die Holztische als einzigen Schmuck kleine Papierservietten tragen, daß man im vorderen und eindeutig angenehmeren Teil auch auf Bänken ohne Rückenlehne sitzen muß, eng und ohne den gewohnten Bistro-Charme zu entdecken. Was ins Auge fällt, ist die mit Ölfarbe zugekleisterte Stuckdecke, sind die vielen Plakate von Kunstgalerien (immerhin)

Rustikale Küche zu bescheidenen Preisen – aber das Ambiente läßt zu wünschen übrig.

an den Wänden. Die Serviererinnen machen den Eindruck, als fänden sie das alles sowie das ganze Leben nicht sehr schön. Doch Monsieur Schubert, der Patron, hat eine Konzeption von Bistroküche, die die

Zustimmung aller Gäste findet. Der Name seines Lokals verpflichtet, also besteht das Angebot zunächst und vor allem aus den Weinen des Beaujolais und des Maconnais. Die Küche bemüht sich ebenfalls, dieser regionalen Ver-

Die Spezialität des Hauses: gut gewürzte Speisen der Lyonnaiser Küche.

pflichtung nachzukommen. Deshalb gibt es die heißen und die kalten Würste aus Lyon, mit Linsen oder im Salat; es gibt die queuelles de brochet, den tablier de sapeur, ein paniertes Kuttelgratin, das außer den Bewohnern des Lyonnais nur wenige kennen (und das nicht unbedingt jedermanns Lieblingsspeise sein muß, hier aber durch die mitservierte Zitrone eine oft zu vermissende Frische bekommt); es gehört der coq au vin de Fleurie zu den Spezialitäten, das in besserem Beaujolais geschmorte Huhn, sowie viele Salate aus der Region

nördlich von Lyon. Alle Zubereitungen sind mehr oder
weniger der rustikalen Tradition verpflichtet und gene-
rell gut gewürzt, was in dieser Kategorie durchaus nicht
selbstverständlich ist. Es besteht hier also die Möglichkeit, durch eine geschickte oder glückliche Auswahl ein
angenehmes und sehr preiswertes Menü zu essen. Rari-
täten wie die warme rillete de canard im Salat oder die
warmen Linsen mit den Kochwürsten sind archetypi-
sche Beispiele der Lyonnaiser Küche, die in der Pariser
Bistro-Kultur größeren Einfluß hat als irgendeine andere
regionale Küche. Die Desserts entsprechen dem Rahmen, und der ausgestopfte Kopf eines schwarzen Kampf-
stiers an der Wand, 1965 von einem spanischen Matador
namens Pablos Martinez Glizondo in Zaragoza getötet,
bringt eine exotische Marginalie in dieses Bistro, die Tier-
schützer auf die Palme und die Stierkampf-Aficionados
in eine gehobene Stimmung.

Ohne Charme und
Ambiente: La Route
de Beaujolais.

Der Name verpflich-
tet: Die Weine stam-
men fast ausnahms-
los vom Beaujolais
und Maconnais.

REZEPTE AUS DEM
LA ROUTE DE BEAUJOLAIS

Salade aux rillettes chaudes

Salat mit warmen Rillettes

Entenfleisch mit Haut nehmen; die Ente soll, wenn möglich, flambiert sein. In Entenschmalz mit etwas gesalzenem Schweinebauch 3 – 4 Stunden bei leichter Hitze braten. Der Schweinebauch macht das Entenfleisch zarter. Aus dem Fett nehmen, dann das Fleisch mit etwas Entenschmalz durchkneten, damit es nicht so trocken wird. Zum Servieren: Die warmen rillettes auf Salatblättern nach Saison anrichten. Der Salat soll mit Sherry angemacht werden. Unmittelbar vor dem Auftragen mit gebratenen Brotwürfeln bestreuen.

Tablier de sapeur

Panierte Schweinekutteln

Die Kutteln in 12 x 10 cm große Stücke schneiden und in einem weißen Saucenfond mit Weißwein, Essig, Zitrone, Salz, Karotten, Thymian, Lorbeerblättern und mit Nelken gespickten Zwiebeln kochen. 4 Stunden kochen lassen; wenn das Fleisch gar ist, kalt werden lassen und 48 Stunden in Weißwein, Knoblauch, Thymian, Lorbeerblättern, Karotten und Zwiebeln marinieren. Abtropfen lassen, auf englische Art panieren und braten. Goldbraun braten und mit etwas eingekochter Marinade begießen. Mit einer Sauce Tartare und Salzkartoffeln servieren.

Coq au vin

Huhn in Weinsauce

Das Huhn in 12–14 Stücke schneiden und 48 Stunden in einem guten Rotwein mit Karotten, Zwiebeln, Thymian und Lorbeerblättern marinieren. Dann etwas geräucherten, in Würfel geschnittenen Speck kurz anbraten. Aus der Pfanne nehmen, beiseite stellen und die abgetropften Geflügelstücke in dem Fett anbraten.

Wenn das Geflügel angebraten ist, aus dem Topf nehmen und die Beilage anbraten – Karotten, Zwiebeln. Danach die Stücke vom Huhn erneut zu dem Gemüse in den Topf geben und mit Mehl bestreuen. Alles vermischen. Mit dem Rotwein von der Marinade aufgießen, salzen, pfeffern und etwas gehackten Knoblauch hinzufügen. Den Topf mit dem Deckel schließen und 45 Minuten schmoren lassen.

In der Zwischenzeit einige kleine Zwiebeln in einem zweiten Topf blanchieren und in einer Pfanne mit einigen Champignons goldgelb braten. Zum Schluß die Speckwürfel daruntermischen. Wenn das Huhn gar ist, die Sauce entfetten und durch ein Sieb passieren.

Die Geflügelstücke mit den Zwiebeln, den Speckwürfeln und den Champignons auf einer Platte anrichten. Mit der Sauce bedecken. Mit gehackter Petersilie bestreuen.

CHEZ GEORGES

Küche	Ambiente
★ ★ ★	★

273, bd Péreire (17e)
Tel. 45.74.31.00
Métro: Porte Maillot
(östlicher Ausgang)
Geschlossen: August

Im Chez Georges ist die traditionelle Bistroküche in voller Reinheit erhalten geblieben.

Die Porte Maillot ist nicht gerade ein Touristenziel, sollte man meinen. Wer den riesigen Platz mittels der neuen Fußgängertunnels und -gräben überqueren will, hat einen Horrortrip vor sich. Doch hier stehen, neben der Kongreßhalle, zwei Pariser Großhotels, von denen eines, das Méridien, den besten Jazzclub der Stadt beherbergt. Überhaupt ist dieses scheinbar abseits gelegene Quartier, wo 16. und 17. Arrondissement zusammentreffen, eine erstaunlich lebhafte und amüsierfreudige Gegend – Paris besteht eben nicht nur aus zwei, drei Mittelpunkten; zum Arc de Triomphe ist es nur ein kurzer Fußmarsch. Chez Georges liegt nur fünfzig Meter von der Avenue de la Grande Armée entfernt. Es ist kein kleines Bistro, wovon die Gäste allerdings nicht profitieren: sie sitzen so eng wie die Hühner auf der Stange. Aber sie sitzen gern hier und kommen, bunt gemischtes Großstadtpublikum, immer wieder. Vor einigen Jahren sind die typischen Bistro-Ornamente der unvermeidlichen Modernisierung zum Opfer gefallen. Das Resultat ist aber noch erträglich, vor allem da die traditionelle Bistroküche in voller Reinheit erhalten geblieben ist. Die bunte Speisekarte ver-

zeichnet all die Wonnen der Gewöhnlichkeit, welche für ein Bistro unerläßlich sind. Neben dem sauren Hering, zu dem die Crème fraîche im großen Topf serviert wird, dem gut gelungenen weichen Ei in Rotwein, ist eine Kohlsuppe bemerkenswert, weil sie mit großen Mengen Bleu d'Auvergne gegessen wird. (Der Schimmelkäse wird vernünftigerweise extra serviert.) Bei den Fleischgerichten gibt es zwei Spezialitäten, die immer wieder verlangt werden: Lammkeule mit getrockneten grünen Bohnen sowie Scheiben vom Ochsenrücken (train de côte) mit einem sehr leckeren Kartoffelgratin. Es ist herzerfrischend zu sehen, wie die Kellner immer neue Lammkeulen, immer neue Rinderstücke für die unersättlichen Gäste heranschleppen, die Platten wegen der Enge oft auf dem Kopf balancierend. Die Süßspeisen sind durchweg erfreulich; die

Die typischen Bistro-Ornamente sind der Modernisierung zum Opfer gefallen.

tarte tatin oder die Charlotte mit Maronenpüree könnten nicht besser sein. Das kann man von der Weinkarte nicht sagen; aber wer in einem Bistro mehr als einen Beaujolais verlangt und mit einem Cahors nicht zufrieden ist, der hat es fast überall schwer. Die Preise sind niedrig, und nicht nur die Metro vor der Tür, sondern auch die Taxis vor den benachbarten Hotels machen einen Ausflug zu Chez Georges unproblematisch.

Die Lammkeule gehört zu den Spezialitäten des Hauses.

REZEPTE AUS DEM CHEZ GEORGES

Soupe aux choux

Kohlsuppe

FÜR 6 PERSONEN Die Hälfte einer leicht gesalzenen Schweineschulter und 200 g mageren, leicht gesalzenen Speck kochen. Wenn das Fleisch gar ist, einen schönen festen Kohl in der Fleischbrühe kochen (den Kohl vierteln und den Strunk ausschneiden). 4 kleine Kartoffeln sowie einige Pfefferkörner mitkochen lassen. In einem Suppenteller servieren. Die zerdrückten Kartoffeln und einige Kohlblätter mit etwas zerbröckeltem Bleu d'Auvergne in die Teller legen und mit der kochenden Brühe auffüllen.

TIP:

Am nächsten Tag kann man das kalte Schweinefleisch mit Essiggurken und einem grünen Salat essen.

Train de côte

Gebratene Hochrippe

Ein Hochrippenstück (1,8 kg: 3 Rippen) mit grobem Meersalz und Öl gut einreiben. Den Backofen auf 250° vorheizen. Auf einer Bratenplatte 15 Minuten bei sehr starker Hitze braten – dann bei reduzierter Hitze garen lassen (½ Stunde). Aus dem Backofen nehmen und ¼ Stunde vor dem Servieren ruhen lassen.

Die Platte mit etwas Wasser aufgießen, dabei den Boden der Platte mit einem Spachtel abkratzen, damit der Bratensatz sich mit dem Bratensaft vermischt. Entfetten und mit Salz und Pfeffer abschmecken.

Gratin dauphinois
Kartoffelgratin

900 g Kartoffeln (z.B. Belle de Fontenay) schälen und in dünne Scheiben schneiden.

FÜR 6 PERSONEN

½ l Crème fraîche mit 10 cl Milch, 15 g Salz, 2 g Pfeffer, 1 g geriebener Muskatnuß, 2 Knoblauchzehen vermischen (den Boden einer feuerfesten Keramikform mit dem Knoblauch einreiben). Die Sahne-Milch-Mischung und die Kartoffeln in Schichten in die Form geben, damit alles gleichmäßig verteilt wird. Bei leichter Hitze mindestens eine Stunde backen.

Charlotte aux marrons
Charlotte mit Kastanien

300 g Kastanien in Wasser kochen (die Schale einschneiden) und, wenn sie gekocht sind, schälen.

2 Blatt Gelatine in Wasser einweichen und gut ausdrükken. ¾ der Kastanien mit 200 g Milch, in der die Gelatine aufgelöst ist, 150 g Sahne/Crème fraîche und 40 g Puderzucker im Mixer pürieren. Die Mischung probieren; wenn sie etwas fade ist, mehr Zucker hinzufügen. Einige Tropfen Rum sowie die kleinen Kastanienstücke hinzufügen.

Eine Charlottenform mit kurz in Rumsirup getauchten
Löffelbiskuits auslegen. Die Mischung in die Form gießen
und etwa 12 Stunden in den Kühlschrank stellen. Mit
einer Schokoladensauce, einer einfachen Sauce anglaise
oder einer Mokkasauce servieren.

A LA POMPONNETTE

<table>
<tr><td>**Küche**
★★★★</td><td>**Ambiente**
★★★★</td></tr>
</table>

42, rue Lepic (18e)
Tel. 46.06.08.36
Métro: Abbesses
Geschlossen:
Sonntag, August

*Eine Oase im Markt-
viertel auf dem
Montmartre: das A la
Pomponnette.*

Dieses Bistro aus dem Jahr 1908 ist ein Prachtstück besonderer Art und gleichzeitig eine unverhoffte Entdeckung für den Feinschmecker. Allein die Nachbarschaft lohnt den Ausflug auf den Hügel von Montmartre. An der Straßenkreuzung rue des Abbesses / rue Lepic ist einer der farbigsten, lebhaftesten und folkloristischsten Märkte von Paris installiert: Montmartre wie aus dem Bilderbuch. Im A la Pomponnette sollte man deshalb mittags essen, vorher von einem fromager zum Geflügelhändler, von den Gemüseständen zum charcutier wandern; man muß sehen, riechen und fühlen, wie es die Wohlstandseuphorie mit ihren fatalen Folgen für die Infrastruktur hier nicht geschafft hat, die lebensfrohe Rustikalität zu verdrängen. Insofern sind Straßen wie diese von einer raren Qualität. Und mitten drin A la Pomponnette. Schon beim Eintritt glaubt man zu spüren, wie Künstler und Bürger hier in natürlicher Symbiose in den ersten Jahrzehnten dieses Jahrhunderts zusammen gelebt haben. An der Bar stehen in Doppelreihe die Typen, die ihren kleinen Weißen oder Roten kippen, die Messieurs mit den Mützen und die Damen in ihren Pelzen, da herrscht ungetrübte Lebensfreude. Die Wände sind geradezu tapeziert mit Zeichnungen, Fotos und Bildern aus der Vergangenheit dieses Viertels. Man entdeckt Blätter von Poulbot, dem Zille von Montmartre, Boxer-Portraits, Dokumente von Künstler-Feten, Cartoons und, immer wieder, die Schönen von Pigalle, in Öl, Pastell und Tusche. Dazwischen und darunter Flaschen, Spiegel und allerlei bunte Dekorationen, ein Sammelsurium, das die herkömmliche Vorstellung von Montmartre auf eine so genuine Art erfüllt, daß man sich fragt: Wo bleibt die Musette? Hat man dann an den rotkariert gedeckten Tischen einen Platz gefunden (Vorbestellung ist unerläßlich), so erwartet man nach dieser überwältigen-

den Ouverture von Folklore eigentlich nicht mehr viel. Um so größer der Schock: Die Küche hat mit der kruden Rustikalität nicht das geringste zu tun! Sie ist – wenn das Wort in dieser Umgebung überhaupt etwas bedeutet – im besten Sinne modern. Die Speisekarte liest sich zwar wie alle Bistro-Fahrpläne. Da ist alles vorhanden, was man von einer Kleinküche erwartet. Die Salate werden vor den Augen der Gäste in der Mitte des Eßraums von der Oma zubereitet. Doch allein wie die heißen Kartoffeln (zum Hering) jeweils frisch dampfend aus der Küche herangetragen werden, läßt aufmerken. Das geschnetzelte, eingemachte Entenfleisch für die salade paysanne kommt

Die Bilder an den Wänden erinnern an die traditionsreiche Vergangenheit des Bistros.

genauso frisch und warm auf den Teller, und schon diese kleinen Vorspeisen verblüffen durch ihre Delikatesse. Fisch- und Fleischgerichte verraten dann durch ihr bloßes Arrangement, daß hier bürgerliche Bistroküche nicht gemeint ist. Hinter der scheinbaren Hausmannskost verbirgt sich der Ehrgeiz des jungen Küchenchefs (Yves Dubas), mit der Mehlsaucentradition aufzuräumen. Man kann über die Qualität des Essens nur staunen. Die Weinauswahl ist verhältnismäßig bescheiden, aber

Die Romantik des Montmartre, wie man sie sich erträumt hat – und dazu eine ausgezeichnete Küche.

das hindert den Gast nicht daran, beim Verlassen dieses wundersamen Lokals zu glauben, geträumt zu haben. Gibt es sie tatsächlich noch, die Romantik von Montmartre? Hier jedenfalls hat sie überlebt, und sie erspart den üblichen Gang zum touristischen Place du Tertre oder zum Sacré Cœur (jeweils nur 10 Minuten Fußweg entfernt).

REZEPTE AUS DEM
A LA POMPONNETTE

Tranches de gigot d'agneau aux aulx confits

Scheiben von der Lammkeule

mit eingelegten Knoblauchzehen

Den Knoblauch schälen. Die Knoblauchzehen in dem Gänseschmalz schmoren. Abtropfen lassen. Die Lammkeule in Scheiben schneiden. Diese braten, salzen, pfeffern und auf einen Teller legen. Den Bratensatz mit dem Bratensaft aufgießen, die Knoblauchzehen hinzufügen, mit Butter in Stückchen aufschlagen und die Lammscheiben damit bedecken.

Mit Kartoffelgratin, gebackenen Kartoffeln oder Bratkartoffeln servieren.

1 Lammkeule

Lammbratensaft

Knoblauchzehen

Gänseschmalz

Butter, geschmolzen

Darne de lotte à la fondue de poireaux

Seeteufelscheiben mit Porree

1 Seeteufel

Porree

Spaghetti

Sahne

Butter

Schnittlauch

Den Seeteufel enthäuten und in 1–2 cm-Scheiben schneiden. Die Spaghetti al dente kochen und in nicht zu kurze Stücke schneiden. Den Porree kreuzweise einschneiden und unter fließendem Wasser waschen. Den Porree in feine Streifen schneiden und in wenig Butter glasig braten. Mit der Sahne aufgießen. Der Porree soll knackig bleiben. Die Fischscheiben 2 Minuten auf Dampf garen und auf einen Teller legen. Mit dem Porree bedecken. Die eingekochte Sahne, mit Butter verfeinert, darübergießen. Den Schnittlauch hinzufügen.

Lapin en gelée

Kaninchensülze

1 Kaninchen	Den Kalbsfuß blanchieren. Das Kaninchen und den	*Weißwein*
Karotten	Kalbsfuß in Stücke schneiden. Salzen und pfeffern. Die	*Thymian*
Zwiebeln	Karotten und die Zwiebeln schälen und in feine Scheiben	*Lorbeerblätter*
Estragon	schneiden.	*1 Kalbsfuß*

Eine feuerfeste Kasserolle nacheinander mit Schichten von Karotten, Zwiebeln, Estragon, Kaninchen und Kalbsfuß füllen. Den Thymian und die Lorbeerblätter hinzufügen. Mit Weißwein und Wasser bedecken. Abschmecken und den Deckel auf die Kasserolle setzen. Am Rande der Kochstelle 1½ Stunden köcheln lassen. Die Leber hinzufügen. Im letzten Augenblick salzen und pfeffern. Erkalten lassen. In den Kühlschrank stellen.

Deutsches Register